고려말 심연의 유적과 묘역의 수호 연구

1287?~1350?

문학박사 심재석 저

심연(沈淵)이 개경을 바라보며 나라를 걱정했던 망경대(望京臺). 경남 산청군 금서면 화계리 왕산 중턱에 있다. 바위에는 심연의 사위인 민안부(閔安富)의 기념비가 있다.

지식공감

서문

합문지후 심연沈淵(1287?~1350?)은 고려 말기의 인물로, 청송심씨 2세조이다. 심연의 부친은 위위시승을 지낸 심홍부이다.

심연의 관직이 합문지후閣門祗侯였기에, 고려 말 국왕의 측근에서 일한 것은 분명하나 이력을 알 만한 자세한 기록이 없다. 따라서 그의 행적과 사상 등에 대해서는 파악이 곤란한 형편이다.

이 책에서는 먼저 고려 말 개경의 상황을 알아보고, 대학자요 정치가인 익재 이제현과 심연이 친밀했다는 정보를 시발로 심연의 개경에서의 생활과 위상을 더듬어 본다.

그리고 산청에 남아있는 심연과 그의 사위 민안부의 유적을 통해, 심연의 은둔 생활을 유추하고 망경대望京臺 유적의 의미를 생각한다.

심연 부부의 묘소는 손자인 심덕부와 심원부 형제에 의해 함열로 천장되었다(1377년). 천하명당으로 꼽히는 함열 남당산南堂山에 이장한 것이다. 심덕부 형제는 조부의 묘소를 왕릉같이 조성했으나, 임진왜란을 전후하여 후손들이 흩어지면서 묘소를 실전失傳하였다. 정세가 안정된 후 전국의 심씨 문중은 심연의 묘소를 찾으려고 백방의 노력을 했으나 허사였다. 그러던 중 임피에 거주하는 죽계공 심규沈圭가 심연 묘소의 위치를 알게 되었고, 문중이 합심하여 10년의 소송 끝에 묘소를 다시 찾았다. 이런 전후 상황을 탐구한 뒤 후손들이 어떻게 선대 묘소를 수호하고 관리했는지 살피고자 한다.

심연에 관한 공적公的인 문헌 기록이 전무한 상황에서 현존하는 자료는, 시詩 〈안분음安分吟〉이 전부일 정도로 미약하기 짝이 없다. 청송심씨 2세조인 합문지후 심연을 연구하고 서술하는 작업은 어렵기만 하였다. 부족한 점을 절감하면서도 우선 상재上梓하는 바이다.

이 책은 일반인 모두를 대상으로 하기에 언급되는 분들의 성명에 존칭을 사용치 않았음을 밝힌다.

2021.11.25 沈載錫

차례

◈ 서문 | 4
◈ 이 책의 핵심 | 10

1장 합문지후 심연의 가계와 개경開京 생활
  1. 합문지후 심연의 가계家系 | 33
  2. 합문지후 심연의 개경開京 생활 | 36
  3. 심연沈淵의 생몰년 추정 | 42
  4. 심연의 은둔 실행과
     익재益齋 이제현李齊賢과의 친밀한 관계 | 48
  5. 심연이 산청으로 낙향한 이유 | 55

2장 심연과 산청山淸의 인연

1. <안분음安分吟> | 61
2. 산청현감 심연? | 63
3. '산음감무(산청현감)' 설치는 1390년, 왜구의
   침탈에 따른 지방 구조 개편 작업의 일환이었다 | 73
4. 심연의 산청 유적 | 82
5. 심연의 후손 <심효상沈孝尙-심태산沈太山-
   심손沈遜>이 산청 석답촌에 거주하다 | 96
6. 심연의 사위 농은農隱 민안부閔安富의
   산청 은거와 유적 | 101
7. 민안부의 정부인貞夫人 청송심씨 유적 | 116
8. '현부인賢夫人 청송심씨' 아들 민수閔綏 | 124

9. 합문지후 심연沈淵의 5대손이며 세종대왕의
처조카인 병조참의 심린沈潾, 산청현감이 되어
환아정換鵝亭을 세우다 | 127
10. 합천 두산정 건립과 안분사 제향 | 149

3장. 심연 부부 묘소의 함열咸悅 천장과 묘역의 수호

1. 1377년, 합문지후공 심연沈淵 부부 묘소의
'산청 ⇨ 함열' 천장과 남당산南堂山 | 177
2. 심연 묘소의 실전失傳과 다시 찾음尋復 | 193
3. 죽계공 일가 계보도 | 233
4. 심연 묘소의 봉축과 수고한 인물들 | 235
5. 상석床石과 묘갈墓碣의 변동 | 263
6. 최근 함열 묘역의 관리 | 280

결론

1. 심연 - '청송심씨 2세조'이며 벼슬은
   왕을 보좌하는 '합문지후'였다 | 349
2. 심연의 은둔 결행 - 정치 세태의 염증 | 350
3. 심연 - 산청현감을 역임했다는 기록은
   오류이다 | 351
4. 심연이 역임한 합문지후는? | 354
5. 심연의 손자 심원부와 사위 민안부는
   조선이 건국되자 은둔했으며,
   후손들에게 벼슬하지 말라고 유언하다 | 354
6. 심연 부부의 묘소는 전라도 함열로 천장되었고,
   임란을 전후하여 실전했으나 다시 찾았다 | 359

이 책의 핵심

1 합문지후 심연沈淵(1287?~1350?)은 청송심씨 2세조로, 심문의 문벌화를 연 원조遠祖이다.

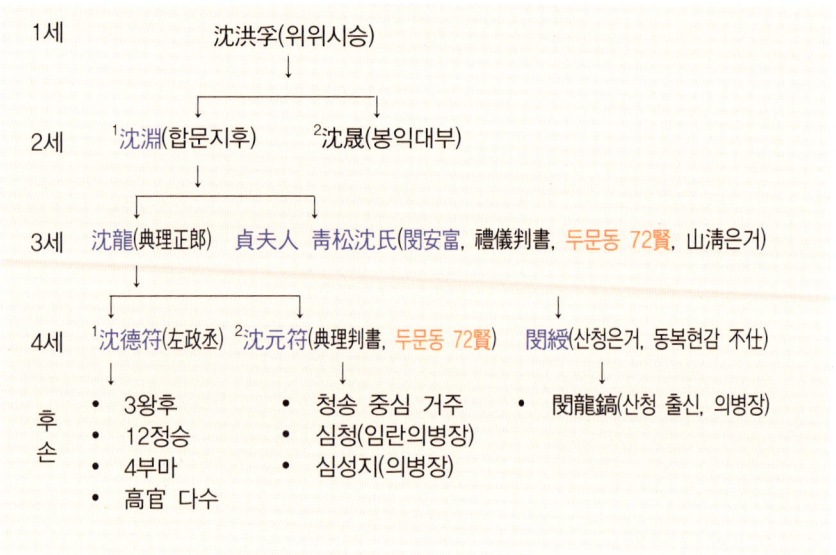

2 심연은 합문지후(7품)를 지낸 후, 몽고(원) 간섭기의 어지러운 중앙을 벗어나 '산음(산청)'으로 은둔하였다. 산청은 모친 함안조씨咸安趙氏[1]의 고향에서 가깝고

---

[1] 임피종인 심상윤씨 가승에 의함. "洪孚 文林郎 配咸安趙氏 墓普

어려서 성장한 곳이라고 생각한다. 그래서 개경에서 먼 곳인 산청을 택한 것이다.

1957 [정유보], 청송심씨 시조 심홍부의 배위가 함안조씨咸安趙氏라고 기록돼 있다.

光山合封, 子淵閤門祗侯 配坡平尹(坡平陳氏는 坡平尹氏의 오기-필자 재석, 파평진씨는 없음)氏 墓南堂山辰坐上下封."- 1957 《靑松沈氏大同世譜》(정유보)〈上世傳來厥疑來事蹟〉.

고려시대의 풍습은 '남귀여가혼男歸女家婚'이었다. 즉 남자가 혼인하면 처가에 가서 일정 기간 사는 '장가丈家'를 가는 것이다. 이에 따라 자녀들이 외가와 가까웠다. 아마도 심연 역시 외가인 함안咸安에서 자라거나 그곳에 자주 갔기에 익숙한 고장이었을 것이다. 그러니 은둔의 장소로 택한 것이라 하겠다.

고려 말의 대학자요 정치가인 익재 이제현과 친밀한 관계였다고 하니, 그 학문적 수준이 높았음을 알 수 있고, 충의忠義 정신 역시 그와 닮았을 것이다. 그의 시詩 '안분음安分吟'을 통해 학문과 충의 정신을 확인할 수 있다.

그리고 심연의 초상화가 없기에 이제현의 초상화를 제시한다. 이제현의 모습을 통해 심연의 외형을 상상할 수 있다.

익제 이제현 초상화. 합문지후 심연과 친했다고 전한다. 몽고(원) 복장을 한 심연의 외형도 이와 크게 다르지 않을 것이다.

3 심연은 산청(산음) 현감을 역임하지 않았다.
우리는 심연이 산청현감을 퇴임하고 그곳에 은거하며 시국을 염려하며, 유유자적한 생활을 하다 생을 마쳤다고 알고 있다. 그러나 1774년에 처음 간행된 『산청현읍지』에 심연이 '출보본읍出補本邑'했다는 이 기록은 오류이다. 오류라는 근거는 다음과 같다.

❶ 산청에 현감이 파견된 것은 조선시대에 들어와서이고, 나아가 산청에 지방관인 '산음 감무'가 처음 파견된 것은 고려가 망하기 2년 전인 1390년이었다.2) 심연은 이미 오래전에 별세하였고, 1377년에 묘소를 전라도 함열로 이장移葬했었다.

❷ 함열에서 1715년에 발견한 〈심연 묘지석〉에는 '합문지후 심연지묘'라고만 돼 있다. '합문지후 산청현감 심연'이 아닌 것이다. 청성백 심덕부와 악은공 심원부 형제가 자신의 조부를 이장하면서 '현감' 관직을 일부러 빼고 지석을 작성할 이유가 없다. 따라서 심연의 산청현감 기록은 후대의 오류이다.

---

2) 1390년 이전의 산청은, 합주(합천) 군수가 업무를 겸임하는 속현이었다. 속현이란 군수가 없어서 옆 군(郡) 지역의 지휘를 받고, 그 고장 토착 공무원인 '향리(鄕吏)'가 공무를 처리하는 행정체제를 말한다.

❸ 청송심씨 족보에도 '출보본읍出補本邑'이라는 기록은 1843년에 발간된 『계묘보』에 처음 보인다. 이는 『山淸縣邑誌』가 처음 발간된 1774년의 기록에 "출보出補"라고 기록된 이후 그 책의 기록을 보고 족보에 '출보 산음'이라고 넣은 것이다.

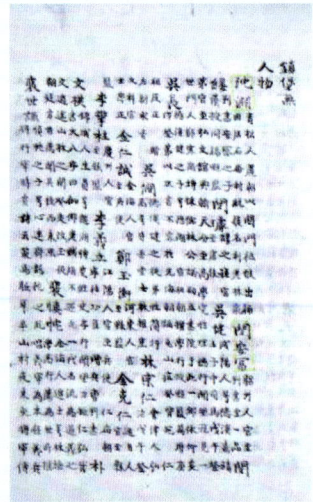

1774년경에 간행된 『山淸縣邑誌』의 심연, 민안부 조

『산청현읍지』를 편찬한 시기는, 심연이 사망한 지 400년이 지난 시점이다. 와전된 사실을 『山淸縣邑誌』 편찬자들이 읍지邑誌에 기록하였고, 그것을 지금까지 고증 없이 추종하였다.

국왕 측근에서 근무한 합문지후 심연이 '산청감무(현감)'를 역임했다고 해서 그 격이 높아지는 것이 아니다.

14 심연의 유적과 묘역의 수호 연구

당시 개경의 '합문지후'는 지방의 현감(감무)보다 훨씬 격이 높았고 중요한 직책이었다.

4 현재 산청군 금서면 왕산玉山에는 심연이 개경을 바라보며 어지러운 시국을 걱정했다는 '망경대望京臺'가 있다. 심연의 충정을 엿볼 수 있는 유적이다.

5 심연의 사상은 '안분음安分吟'을 통해 짐작할 수 있다. 속세를 떠나 유유자적하게 살면서도 늘 고려왕조의 번영을 기원했던 것이다.

경남 산청군 금서면 왕산의 「망경대」 2021.7.30

<안분음安分吟>

평생의 성벽은 살림살이에 관심이 적어
平生性僻少營爲
한결같이 하늘의 처분에 맡겨 두었네
一任天公處分宜
고사리가 산에 가득하니 따로 남새밭 가꿀 것 없고
薇蕨滿山寧學圃
등나무가 집을 둘렀으니 자연히 울타리가 되었네
藤蘿繞屋自成籬
바람은 약속하지 않았으나 때때로 불어오고
風無宿約時時到
달도 기약한 바 없었건만 저녁마다 나를 따르네
月不相期夜夜隨
다른 사람은 속세의 일을 전하지 마오
外客休傳塵世事
북창 아래 한가로이 누워 헌원씨와 복희씨를 꿈꾸노라
北窓高臥夢皇羲

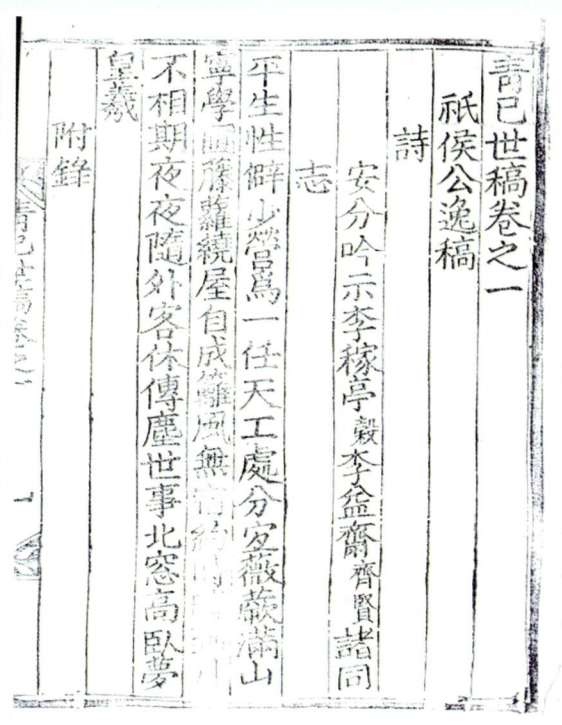

소류 심성지, 1899 『靑己世稿』(국립중앙도서관 古第 90301號 第2冊) – '안분음安分吟'이 고려 말의 대문호인 李穡과 李齊賢에게 보이기 위한 것임을 알 수 있다. 이 책의 서문에 金道和가 쓴 초서체의 서문이 있다.

합문지후 심연의 유허비가 있는 경남 산청군 금서면 특리 덕촌마을 모습. 이곳에서 〈안분음安分吟〉을 노래했다고 짐작한다. 2021.7.30

6 훗날 심연의 사위였던 농은 민안부閔安富가, 조선 건국을 반대하며 산청에 은거하였다. 그는 개성의 두문동으로 처조카인 악은공 심원부沈元符와 함께 들어갔다가 산청으로 내려온 것이다. 산청은 이미 민안부의 장인 심연이 은거했던 향촌이었기에, 민안부와 청송심씨 부부가 그 인연을 따라 원주와 지리산 배록동을 거쳐 산청으로 들어온 것이라 짐작한다.

민안부는 장인 심연의 뒤를 이어 왕산王山에 올라 고려의 멸망을 슬퍼하였다고 한다. 조선시대에 산청 지역의 여흥 민씨들은 거의 민안부의 후손이고, 그들은 산청의 사족양반으로서 지위를 누렸다.

근래 이 지역의 민씨 후손들이 왕산 중턱의 바위 '망경대'에 '민안부가 거닐던 장소'라는 내용의 비석을 두 번(1909/1961) 세웠다. 그런데 비석에 민안부의 '정신적 지주였고, 롤모델'이었던 장인 심연에 대한 언급이 없음은 의아疑訝하다.

1909년　　　　　1961년

7 고모부인 민안부와 함께 개성의 두문동에 들어갔던 심원부의 자손 중, 심효상·심태산·심손 등은 심연이 은거했던 산청군 석답촌에 거주하였다. 고향으로 생각했던 것이다.

8 심덕부·심원부 형제가 부친 심룡沈龍의 유언을 받들어 심연의 묘소를 경상도 산음에서 전라도 함열로 천장하였으니, 때는 1377년 9월 12일이었다. 이때는 고려 우왕 3년으로 심덕부가 무장武將으로서 크게 활약할 때였다. 이장 후 3년째인 1380년에는 그 유명한 '진포대첩'이 도원수都元帥 심덕부의 지휘 하에 벌어졌다.

9 함열의 심연 묘소는 임란(1592년) 무렵 실전하였다가, 1705년 임피臨陂에 거주하던 죽계공 심규竹溪公沈圭에 의해 찾는 실마리를 마련하였다. 그리고 담양부사 심중량은 묘소의 연못을 구매한 뒤, 그 물을 퍼내고 심연의 지석誌石을 찾았다. 심연 묘갈의 내용을 상상하여 시각적으로 옮기면 다음과 같을 것이다.

심중량 등이 함열 묘역의
연못 물을 퍼내고 건져 올린
심연의 지석誌石(12cm x 24cm).
東谷 沈愚慶 書

이로써 오랫동안 끌던 재판도 청송심씨의 완승으로 마무리되고, 심중량·심단·심상정·심수현·심택현 등 심씨 문중의 종인들이 협력하여 묘역을 봉축하였다(1715년).

　　10 지석에 쓰인 대로, 합문지후의 묘소는 다음과 같이 배치돼 있다.

흘산
↓
남당산
↓
묘소[진좌]
↓
술향

11 1715년에 세운 묘갈은 1720년에 새로 건립하였다. 왜냐하면 묘갈 뒷면의 '심중량沈仲良'의 이름과 기타 몇 곳을 누군가 훼손하였고, 지산상공(심수현)이 새로 세운 상석床石과 크기가 맞지 않아 다시 비석을 세웠다고 판단한다. 1715년의 비석은 현재 영모재永慕齋 경내에 있다.

영모재 경내에 옮겨진 1715년의 묘갈과 문관석. 비석 뒷면의 내용 중 沈仲良 등 몇 군데를 훼손하였다. 2021.4.22

〈1715년의 묘갈〉의
훼손 부분 '沈仲良'
2021.8.10

12 청송심씨대종회(회장 沈大平)에서 심연의 묘소를 찾고 지키는 데 일생을 바친, 죽계공 심규의 공적비를 세웠다.

2021년 추향제일에 죽계공 심규의 공적비를 후손들이 세웠다. 2021.10.16

13 함열 묘역은 '소헌왕후의 조상 묘'라고 해서, 관청으로부터 보호와 지원을 받았었다. 시향 때는 현에서 관리를 파견해서 제향의식을 주관했으며, 사방 일정 부분까지 침범치 못하게 규정하였다.

함열 남당산의 합문지후 심연 묘역. 직사각형 봉분으로 고려 말기의 무덤 양식이다. 봉분 하나의 크기가 6m×8m로, 작은 왕릉을 연상케 한다. 2021.8.9.

14 묘소를 개봉改封하고 비석을 세운 뒤, 1910년 무렵까지 탈 없이 제향을 받들어 왔다. 그러나 1914년에 비석의 글들이 '완결刓缺'하여 다시 새겼다. 다시 새긴 이유가 비문에 보이는 '여러 종친들이 크게 놀랐다(제종대구 諸宗大懼)'라는 구절에서 짐작할 수 있다.

비문이 풍상에 닳은 게 아니라, 누군가 갑자기 훼손한 것으로 해석하는 바이다. 그러니 종친들이 크게 놀란 것이고 모금을 통해 다시 글자를 새겼다. 이는 1715년에 묘소를 찾고 나서 다시 세운 비문을, 누군가 훼손하여 1720년에 새로운 비석으로 재차 세운 것과 유사한 일이다. 누구의 소행인지 심증은 있다.

15 심연이 말년을 보낸 경남 산청군 금서면에는, 〈심연유허비〉가 심문 후손들에 의해 건립되었다. 1934년의 일이다.

16 심연 부부의 묘소가 천하명당이라는 함열로 천장되자, 경상도 지역의 심문 후손들이 전라도 함열까지 매번 참배하러 가기에는 거리상 어려움이 컸다.

선조에 대한 추모의 정을 금할 길 없던 경남 지역 후손들은, 교통이 편리하여 모이기에 적합한 장소인 합천군 삼가면 두모리에 '두산정杜山亭'을 1916년에 건립하였다. 이곳에서나마 2세조에 대한 추모의 정을 나누고, 1976년에는 '안분사安分祠'도 건축하여 매년 제향을 올리고 있다.

경남 합천의 **안분사**와 **두산정** 2021.7.30

17 1976년에 宗土 일부가 농지로 개발되자 그 보상금으로 재각을 일신하였는바, 영모재永慕齋·경첨루敬瞻樓·문루·관리사 등 84평을 신축하는 대공사였다. 이 무렵 청송에서도 '경의재景義齋'가 건립되었다.

　　2세조 재각의 상징인 영모재永慕齋는, 건물의 외형상 재각 명칭을 '영모루永慕樓'라고 해야 옳으나, 원래의 재각 현판을 그대로 걸었기 때문에 '영모재永慕齋'라고 하였다.

영모재　2021.8.10

18 2세조 시향은 시조 심홍부 묘의 예에 따라 제향을 모셔오다가, 이후 호장제도戶長制度가 없어지면서 산유사山有司를 두었다.

19 이상의 서술을 통해, 고려 말 풍수지리의 유행과 묘소의 이동 모습을 보았다. 그리고 고려가 멸망하기 전에도 개경 관료가 정세의 혼란을 피해 산청에 낙향한 사실도 합문지후의 사례를 통해 확인하였다. 그 은둔 장소로는 외가外家 쪽을 택한 것으로 짐작할 수 있었고, 낙향해 있으면서도 나라를 걱정하는 모습을 '망경대望京臺'에서 확인할 수 있다.

남당재각南堂齋閣. 문루의 바깥에 걸려 있는 향유사 가석可石 심상윤沈相允 글씨이다.

그리고 조선시대에는 묘를 몰래 쓰는 투장偸葬이 심하였고, 이를 바로잡는 산송山訟이 심각했음을 심연 묘소를 찾는 과정에서 여실히 볼 수 있다. 그 과정에서 인생을 바쳐 선조 묘소를 찾고 관리하였던 죽계공 심규沈圭와 그 후손들의 묘역 수호 노력에 삼가 경의를 표한다.

최근에도 청송심씨 문중의 조상 묘 관리와 수호 노력은 어떤 성씨에도 뒤지지 않는다. 1976년 '영모재'를 비롯한 대대적인 재각과 재실의 신축, 그리고 대종회의 세심한 묘역 관리와 전국 후손들의 적극적인 시향時享 참여가 이를 말해준다.

합문지후공의 묘역은 한국 최고의 명당이면서 심씨 후손들의 성지聖地인 것이다.

심연 묘역 원경遠景. 2021.8.9 새벽 5:30

1장
합문지후 심연의 가계와 개경 開京 생활

1. 합문지후 심연의 가계家系 ················· 33
2. 합문지후 심연의 개경開京 생활 ············ 36
3. 심연沈淵의 생몰년 추정 ··················· 42
4. 심연의 은둔 실행과 익재益齋 이제현李齊賢과의
   친밀한 관계 ····························· 48
5. 심연이 산청으로 낙향한 이유 ············· 55

1. 합문지후 심연의 가계家系

심연의 부친 심홍부는 고려 말에 위위시승을 지냈다. 그 이상의 정보는 없다. 조선시대에 족보가 만들어지기 시작하면서 당대인들이 알 수 있는 조상을 추적하여 확실한 선조를 시조로 삼았기 때문에, 고려 말 인물들이 시조인 경우가 허다하다. 청송심씨 역시 심홍부까지가 확실한 상한선 인물이었다.

1) 청송 중대묘 사적中臺墓事蹟

청송군 중대산에 1墓가 있는데 심씨의 선조묘소 또는 문림랑공의 배위 묘라고도 한다.

◀ 중대산소(청송)
2018.9.7

2) 심연의 부친 심홍부

청송심씨는 문림랑공 심홍부를 시조로 삼는다. 그 윗대를 잘 모르기 때문인데, 이는 거의 모든 성씨가 마찬가지다. 심홍부는 고려의 위위시승衛尉寺丞이었다. "시승은 諸寺의 종6품 관직이다. 전시는 11과였고, 녹봉은 문종록에서 66석 10두였으나, 인종록에서는 53석 5두로 감소하였으며 구사의 수는 3명이다."[3] 시승이 종6품이었으나, 합문지후보다 班次는 낮았다. 합문지후가 그만큼 중요성이 컸다는 의미이다.

심홍부는 위위시승으로서, 국왕의 측근에서 근무했다. 국왕의 거둥과 관련되는 물건들을 책임지는 자리였다. 아마도 음서로 관직에 나가 위위시에 근무한 것이 아닌가 하는데, 그렇다면 그 윗대 역시 음서를 줄 만한 관직에 있었다는 얘기가 된다.

청송심씨는 고려 말에 신흥사대부로서 중앙의 관직에 진출한 이래, 4세조 심덕부와 심원부 형제에 이르러 크게 두각을 나타낸 가문이다.[4]

---

3) 李鎭漢, 1999 『고려전기 官職과 祿俸의 관계 研究』, 一志社, 8쪽
4) 沈載錫, 2020 『高麗末 朝鮮初 沈德符의 生涯과 政治的 位相 研究』, 지식공감

청기군青己君 평장사(平章事는 '월헌 심손 묘갈명'에 나오는 기록임)
심홍부 묘역 전경

2. 합문지후 심연의 개경開京 생활

1) 합문지후 심연은 고려 수도 개경의 왕궁에서 중대한 의식을 진행하였다

심연은 합문지후로서 매일같이 고려 조정의 고급 관료들을 맞이하고 인사를 나누며 지냈을 것이다. 이 과정에서 고려 왕조의 중앙 정계 실상을 적나라하게 파악했을 것이고, 이는 본인의 회의로 이어진 것으로 본다.

고려 관직 상 '합문지후閤門'는 정 7품의 관직이었지만, 참상參上에 속했다. 고려시대에는 관리들의 지위에 있어서 참상과 참외는 현격한 차이였다.[5] "각종 의례와 의식을 담당하는 중요한 관서인 각문閤門에 속하고 업무상 조회에 항상 참여하여 참상직參上職이 된 합문지후閤門祗候는 (…녹봉이) 53석 5두였다."[6]

합문지후는 길례吉禮, 대사大祀, 경령전 친향의景靈殿 親享儀 등 14가지 각종 의례에 참여하였다.[7] 지극히

---

5) 李鎭漢, 1999 『고려전기 官職과 祿俸의 관계 硏究』, 一志社. 241쪽.
6) 李鎭漢, 1999『고려전기 官職과 祿俸의 관계 硏究』, 一志社. 182쪽.
7) 『高麗史』61, 〈禮志〉 3

중요한 국가 행사에 실무자로서 매번 참여하는 중대한 직책이 합문지후이다. 개경의 심연은 이러한 국가 의례를 준비하고 진행하던 중요한 직위에 있었다.

2) 고려 궁궐과 합문閤門

① 개성 궁궐도8)

---

8) 성병희 그림, 2005 『아! 그렇구나 우리역사』, 여유당, 165쪽

개성 **만월대** 유적. 심연이 젊은 시절에 근무한 고려 왕궁이다.

② 궁궐 내 합문閤門9)

심연이 근무했던 궁궐 안의 합문의 위치는 선정전 앞이다. 궁궐의 "대초문[태정문]을 들어서면 선정전[훈인전·선인전]…이 전개된다. 선인전 앞에는 편전 출입문인 **합문[閤門 : 閣門]**이 있었는데, 왕이 국노國老를 위해 연회를 베풀거나 신하들이 복합伏閤해 주장을 펴는 곳이었다."10)

국왕이 "편전에 앉아 군신群臣을 인견引見하는 것을 '입합례入閤禮라고 하였다.11) 노인을 위한 연회가 서로庶老의 경우 구정에, 국로國老의 경우 합문에 마련되었다.12) 선인전에는 동과 남에 자문紫門이 있었다."13)

---

9) 김창현, 2002 『고려 개경의 구조와 그 이념』, 신서원, 266쪽, 〈개경궁성도〉
10) 김창현, 2002 『고려 개경의 구조와 그 이념』, 신서원, 290쪽
11) 『高麗史』 권 19, 明宗 6년 5월
12) 『高麗史』 권 10, 宣宗 3년 8월

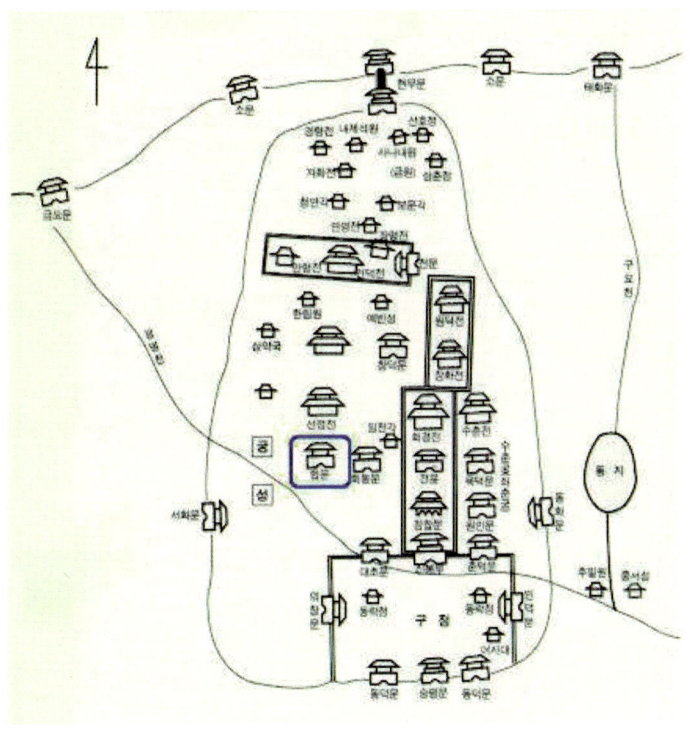

　　심연의 이름은 고려시대의 사료에 보이지 않는다. 합문지후의 '閤門'은 "정전 구역으로 대표되는 국왕의 정치 공간과 그 바깥을 구분하는 물리적 경계이면서 동시에 내조, 외조와 같이 국왕 중심의 정치 공간과 신하들이 정치를 하는 공간으로 나누는 추상적 경계로서의 의미를 동시에 지니고 있다."14) 정7품인 합문지후는 "고려 시대

---

13) 김창현, 2002 『고려 개경의 구조와 그 이념』, 신서원, 291쪽 각주 73)

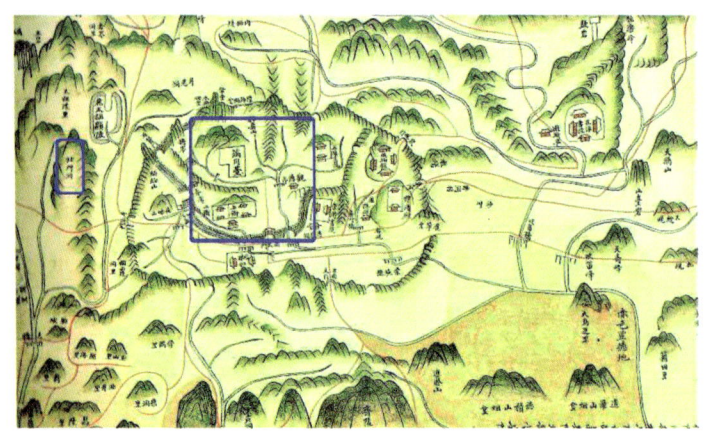

1750년대의 개성 - 『海東地圖』. 가운데 합문지후 심연이 근무했던 궁궐이 있고, 왼쪽으로 악은공(심원부)과 그 고모부 민안부가 조선 건국을 반대하고 들어가 숨은 두문동杜門洞이 보인다.

조회朝會 · 의례儀禮 등 국가 의식을 맡아보던 합문 소속의 관직이다. 합문이 처음 설치된 목종 때 두었으며 문종 때 정원 4인, 정7품으로 하였다. 충렬왕 24년(1298)에는 정원을 8인으로 하였고, 동왕 34년(1308)에 14인으로 늘리면서 4인은 낭장郎將이 겸임하게 하고, 종 6품으로 하였다."15)

---

14) 김보광, 2021 〈고려전기 궁궐구조와 국왕의 정치 공간 - 합문(閤門)의 의미를 중심으로-〉『역사와 현실』 119호, 48쪽
15) 〈閤門祗侯〉, 2001 『한국고전용어사전』, 세종대왕기념사업회. 이 고전용어사전에서 '閤門'에 대한 설명은 이렇다. "고려 및 조선 초기 조회(朝會) · 의례(儀禮) 등 국가 의식을 맡아보던 관서. 각문(閣門)이라고도 씀. 목종 때에 처음 설치되었다가 충렬

③ 가계도

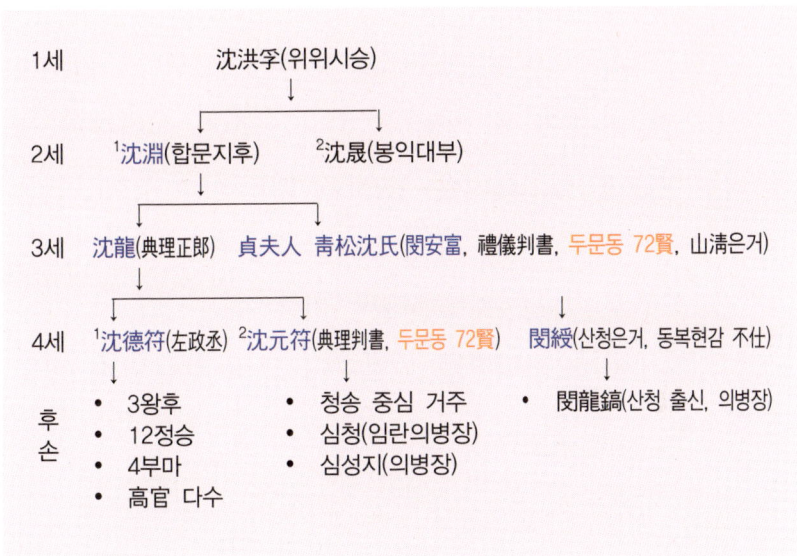

왕 원년(1275)에 통례문(通禮門)으로 고쳤으며, 동왕 24년(1298)에 충선왕이 다시 합문으로 했다가 동왕 34년(1308)에 중문(中門)으로 고치고, 곧 통례문으로 바꿈. 고려 말까지 합문·통례문으로 여러 차례 개칭되었음. 조선 시대에는 태조 원년(1392)에 합문이 설치되었고, 태종 때에 통례문으로 고쳤다가 세조 12년(1466)에 통례원(通禮院)으로 개칭한 뒤 고종 32년(1895)에 장례원(掌禮院)으로 고쳤음."

3. 심연沈淵의 생몰년 추정

합문지후 심연의 생몰년은 모른다. 우선 그 연도를 추정해보면, 기준이 두 가지다. 하나는 손자 심덕부의 생몰년이 정확히 있고(1328~1401), 며느리인 청화부원군(심룡) 배위의 사망 연도가 1371년이다. 충주목사였던 심덕부가 청주로 가서 예장했다는 기록 때문이다. 나아가 심연이 이제현과 동시대를 살았기에 그의 생몰년과 비슷할 것으로 본다.16)

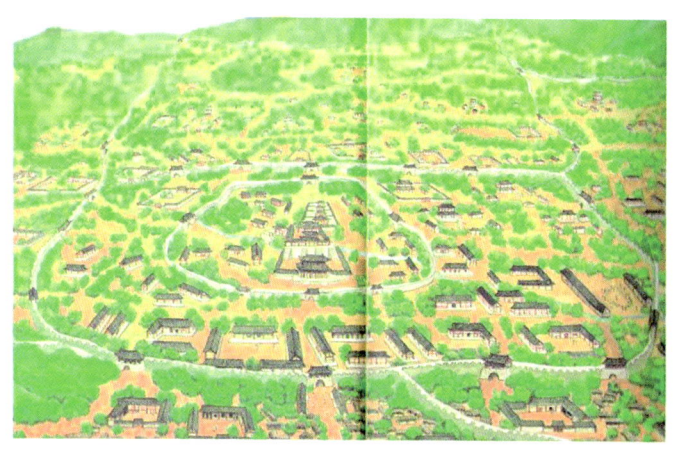

개경의 모습: 성병희 그림, 2005 『아! 그렇구나 우리역사』, 여유당, 166~167쪽

---

16) 청송심씨대종회 심재호 문화이사도 심씨 선대의 활동기를 추정한 바 있다(1971.12, 『青松報』 5호, 10쪽).

<청송심씨 1~3세조 생몰년 추정표>

* 1세대 당 20년 차로 보고 평균 수명을 60세로 가정함

1세	1268←<심홍부>→1330	
2세	1287←<이제현>→1367	이제현과 심연은 친밀한 관계였음
	1287←<심 연>→1350	
3세		1308←<심룡>→1368
4세		1328←<심덕부>→1401

　　심연의 아들은 청화부원군 심용이다. 그 묘소를 임진·병자 양난 때 잃어버렸는바, 후손인 영의정 심열沈悅이 경기감사로 재직하면서 찾았다.[17]

---

17) 靑松沈氏大宗會, 2002『靑松沈氏大同世譜-庚辰譜』首卷, 108쪽

남파상공 심열이 찾은 청화부원군 심롱 묘소.
경기도 안성시 당왕동 290-3 2021.7.20.

남파상공 심열이 찾은 청화부원군 배위 김씨 묘소.
경기도 안성시 도기동 395 2021.7.20

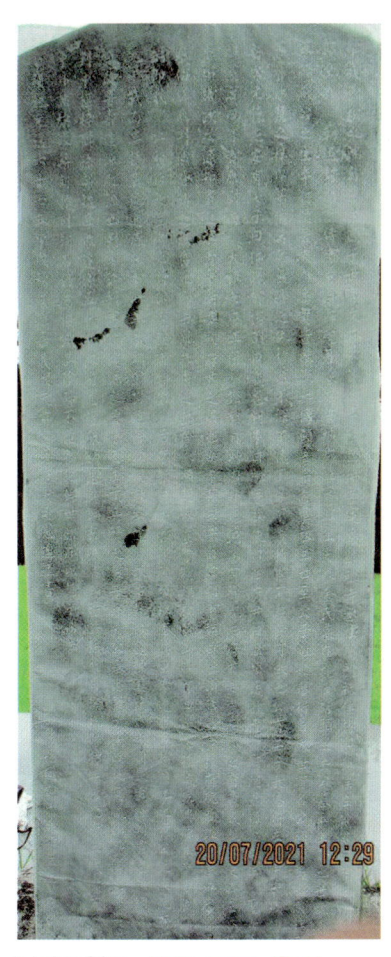 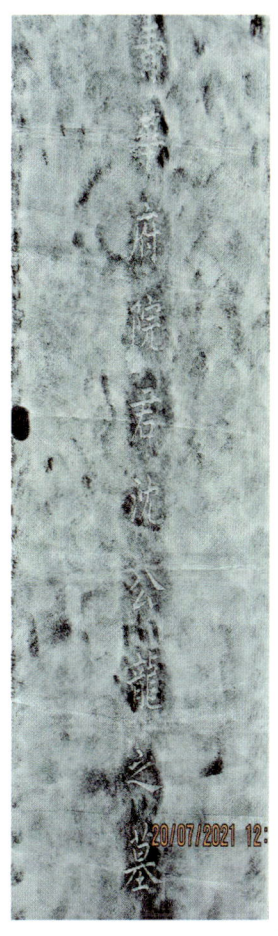

청화부원군 심룡 묘표 음기.
대사헌 심단이 썼다.
경기도 안성시 당왕동 290-3
2021.7.20

남파상공 심열沈悅이 찾은
청화부원군 심룡 묘표 전면.
경기도 안성시 당왕동 290-3
2021.7.20

청화부원군
배위 김씨 묘표
2021.7.20

심연이 이제현과 친했기에 그의 초상화를 통해 비슷한 모습이었을 거라고 했다. 당시 몽고족인 원元나라의 간섭을 받는 시기여서 복장도 많이 변화했었는데, 조반[趙胖, 1341년(충혜왕 복위 2)~1401년(태종 1)] 부부의 초상화를 통해 심연 부부는 물론 심룡, 심덕부, 심원부 등의 외형을 유추해 볼 수 있다.

조반(趙胖, 1341~1401) 부부의 초상화.
심연 부부의 외형도 이와 유사할 것으로 본다.

4. 심연의 은둔 실행과 익재益齋 이제현李齊賢과의 친밀한 관계

　　합문지후 심연이 고려 말의 대학자요 정치가인 이제현과 친한 사이였다는 점은 〈악은공신도비〉에 나온다. 그리고 심성지沈誠之가 편찬한 『청기세고靑己世稿』에 실린 심연의 시 〈안분음〉을, 이곡李穀과 이제현李齊賢 등에게 보였다고 한다. 이를 통해 심연이 고려 말의 정치가들과 친밀했음을 짐작케 한다. 기록은 없으나 유유상종이 인간관계의 기본임을 생각할 때 심연의 학식이나 품위가 대단했음을 알 수 있다.

　　합문지후 심연의 은둔 결행 배경은 무엇인가? 고려 말 정계의 혼란과 몽고의 간섭에 큰 실망을 느낀 것이 그 주원인일 것이다.

　　심연이 크게 활약한 시기는 충숙왕(1313~1330 / 1332~1339), 충혜왕(1330~1332 / 1339~1344) 시기로 추정된다. 고려가 몽고인 원으로부터 온갖 수모를 겪던 시기다.

　　충혜왕은 몽고(원)로 끌려가면서 사신이 왕을 발로 찼다고 한다. 그리고 원에서 먼 지방으로 유배를 보냈고 그 과정에서 객사하고 말았다. 이때 고려의 신하들은 참담하기 이를 데 없었을 것이다. 심연의 심정은 어떠했을까? 이런 정치 상황들이 심연으로 하여금 비록 관직은 낮았지만 은거를 결심한 배경이 되었다고 본다.

산청(당시엔 산음현)으로 은거한 이후 망경대望京臺에 자주 올라가 개성을 바라보며 시국을 걱정했다니, 그것이 바로 중앙 정계의 혼란을 벗어나 유유자적하고 싶었지만 나라 걱정을 한시도 잊지 않았다는 증거다.

1) 익재 이제현(1287, 충렬왕 13~1367, 공민왕 17)의 삶을 통해 본 심연의 삶

〈악은공 심원부 신도비〉에 의하면, 합문지후 심연과 익재 이제현은 친구였다고 한다.[18] 이제현이 누군가?

그는 6대왕(충렬·충선·충숙·충혜·충목·공민왕)을 섬기며 국가의 중책을 두루 역임하고 또 81세의 壽를 누림으로서 영예롭고 복된 삶을 살았다고 하겠지만, 반면에 원과의 국가적인 문제가 생길 때마다 혹 文筆로 혹 外交로 이를 해결하기 위해 奔奏하며 국가의 존망을 걱정해야 했고, 또 附元輩와 奸

---

18) • 김황, 〈악은공신도비〉
 • 1991, 〈악은공 행적〉『청송의 뿌리』 12호, 1면

臣들의 질시와 모함의 대상이 됨으로써 늘 불안한 삶을 살아야만 했다.[19)]

　　경주 이씨가 배출한 혜성 같은 존재가 이제현이다. 그는 백이정에게 성리학을 배웠으며 그의 아들 李達尊이 백이정의 사위가 되었다. 충선왕이 원나라 수도에 만권당 萬卷堂을 짓고, 유수의 학자들을 초대하여 응대하고 토론할 때 이제현은 단연 고려 왕조의 대표선수였다. 심오한 역사 지식과 방대한 고전 섭렵을 통해 중국의 내로라하는 학자들을 제압해 나갔던 것이다.
　　심연이 산음으로 은둔을 택했다면, 익재는 어떤가? 한적閑寂과 불로不老를 지향했지만 은거隱居를 추구하지는 않았다. 이제현의 시 한 수를 보자.

　　　　산중에 친구가 있어
　　　　나에게 편지를 보내 왔네
　　　　신선 배우는 묘법이 있다면
　　　　이 세상은 참으로 나그네이리.
　　　　부귀영화를 흠모하는 것 아니지만
　　　　목석과 더불어 살 수는 없네.
　　　　그런 일은 술 마시는 것만 못하니
　　　　死生은 자연에 맡기리라.[20)]

---

19) 김건곤, 1996 『이제현의 삶과 문학』, 이회, 15쪽

인간 세상과 절연하고 목석과 살 수는 없다면서 은거隱居를 거절하고 있다. 이 점이 심연과 익재의 큰 차이점이다. 심연은 어떤가?

위에서 본 '안분음安分吟'이 고려 말의 대문호인 이곡李穀과 이제현李齊賢에게 보이기 위한 것임을 알 수 있는바, 심연은 은거를 택한 것이다.

심연의 사상은 '안분음安分吟'을 통해 짐작할 수 있다. 속세를 떠나 유유자적하게 살면서도 늘 고려 왕조의 번영을 기원했던 것이다.

<안분음安分吟>

평생의 성벽은 살림살이에 관심이 적어
平生性僻少營爲
한결같이 하늘의 처분에 맡겨 두었네
一任天公處分宜
고사리가 산에 가득하니 따로 남새밭 가꿀 것 없고
薇蕨滿山寧學圃
등나무가 집을 둘렀으니 자연히 울타리가 되었네
藤蘿繞屋自成籬
바람은 약속하지 않았으나 때때로 불어오고
風無宿約時時到

---

20) • 이제현, 〈古風(6)〉『益齋亂藁』 권3
 • 김건곤, 1996 『이제현의 삶과 문학』, 이회, 156쪽

달도 기약한 바 없었건만 저녁마다 나를 따르네
月不相期夜夜隨
다른 사람은 속세의 일을 전하지 마오
外客休傳塵世事
북창 아래 한가로이 누워 헌원씨와 복희씨를 꿈꾸노라
北窓高臥夢皇羲

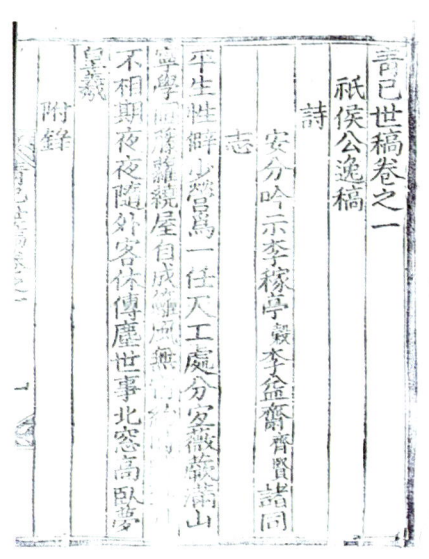

소류 심성지, 1899 『靑己世稿』(국립중앙도서관 古第 90301號 第2冊) – '안분음安分吟'이 고려 말의 대문호인 李穡과 李齊賢에게 보이기 위한 것임을 알 수 있다. 이곡과 이색 부자는 이제현의 門生이다. 이 책의 서문에 金道和가 쓴 초서체의 서문이 있다.

합문지후 심연의 유허비가 있는 산청군 금서면 특리 덕촌 마을 모습. 이곳에서 〈안분음安分吟〉을 노래했다고 짐작한다.
2021.7.30

2) 이제현의 시詩 〈전라도 안렴사로 부임한 전록생田祿生을 보내며〉

> 전랑이 우리 계림에 안렴사 되니
> 부로들 지금까지 그 덕을 기리네
> 배낭한 그 정성 규혼사叫閽辭에 실려 있고
> 침과하여 강개함은 종군시從軍詩에 나타났네
> 안영의 높은 절개 수양산이 무색한데
> 곡식 먹는 조교曹交의 키長를 그 누가 탓했던가
> 수레 타고 고삐 잡아 징청澄淸함을 생각하고
> 남쪽의 초목도 그의 이름 알고 있네
> 요즈음 남쪽엔 흉년이 자주 들어
> 이따금 주린 백성 길가에 쓰러지네

유식識字한 수령은 백에서 두셋뿐이라
법률 농간함을 소경같이 보고 있네
농부를 몰아다 왜적을 막게 하니
적의 칼 닿기 전에 먼저 흩어지누나
대장大將은 막사에 앉아 음악이나 듣고
소장小將은 땀 흘리며 무기를 수송한다
세력가의 종들은 공전 것도 앗아가는데
밀린 세금 징수에는 흉년도 계산하지 않네
슬프다 백성 생활 이 지경이 되었으니
뉘라서 우리 임금 간식旰食을 않게 할까
익재도 일찍이 낭묘에 있었지만
늙은 간신 악소년에 모욕을 당했었네
사직하고 은퇴하여 화는 겨우 면했으나
오늘날 생각하니 얼굴이 붉어진다
전랑은 예부터 군자 되길 원했으니
늙은 나의 섭유囁嚅와는 비교가 안 되겠지
부디 가서 공평하게 백성 고통 들어주고 그
사실 보고하여 임금께 알게 하라21)

고통받는 백성들에 대한 절절한 심정이 묘사돼 있다. 심연 역시 이러한 시대적 상황과 현실을 보고 중앙 정계를 떠났을 것으로 짐작한다.

---

21) 장재한 역, 1979 『益齋亂稿』卷4, 詩,〈送田祿生司諫按全羅道〉

5. 심연이 산청으로 낙향한 이유

① 이제현과 심연이 친밀한 관계였다니, 그 성품 역시 유사했으리라 본다. 그가 개경 생활을 마감하고 산음으로 은거한 것은, 외가인 함안咸安이 근처였기 때문으로 본다. 물론 그는 산음 감무 즉 현감은 아니었다. 언급한 대로 산음에 감무(현감)가 설치된 것은 1390년[공양왕 2년]이었고, 기록상 산음 감무는 권유도權由道 한 명만 현존한다.

심연은 1757년(영조 33)~1765년에 만들어진 『여지도서輿地圖書』를 제작할 당시 『산청현읍지』의 인물조에도 보이지 않는다.22)

이후 『산청현읍지』가 1774년에 만들어질 때 처음 심연의 이름이 보인다. 그것도 '출보出補'라는 명칭을 띠면서 기록되었기에,

『輿地圖書』(1757년) 산청현조

---

22) 〈山淸縣誌〉 = 『輿地圖書』의 경상도 〈산청〉(補遺)

이후의 심문 자료나 기타에서 '산청현감'으로 일컫게 되었다. 그러나 심연은 산청현감을 역임하지 않았다.
　② 산청은 외진 곳이어서 은거하기에 적당한 지리적 위치였다.

1) 심연의 산청 생활

　그의 산청 은거와 생활상은 전혀 알 수 없다. 기록이 전무한 것이다. 다만 그가 남긴 '안분음安分吟'이라는 시를 통해 간접적으로 짐작할 뿐이다.
　나아가 안분음과 더불어 그가 왕산 중턱의 망경대望京臺에 올라 경사京師(개경)를 바라보며 시국을 염려했다는 망경대 바위가 당시 심연의 심사를 대변하고 있다. 합문지후 심연은 익제 이제현처럼 우국충정의 마음이 컸다고 짐작한다.

2) 심연의 부부 묘소의 함열 천장 경위

　청송심씨 3세조인 청화부원군 심룡沈龍은 아들 심덕부를 이곡李穀에게 유학시켰기 때문에 심덕부는 이곡의 아들 이색李穡과 동년 수학한 사이였다고 한다. 그리고 둘째 아들 심원부沈元符는 이제현李齊賢에게 배우게 하였다고 한다.

이런 사정으로 인해 한산韓山에 머물던 이곡과 왕래하던 심룡이, 이곡 선생으로부터 함열의 명당을 소개받고 결국 두 아들에게 "조부인 합문지후 심연의 묘소를 적당한 시기에 함열로 이장할 것"을 유언했던 것이다. 심덕부와 심원부 형제는 1377년 9월 드디어 산청에서 조부모 묘소를 함열로 예장하였다.

당대 왜구 토벌 등으로 위명偉名을 날리던 청성백 심덕부가 심혈을 기울여 봉행하는 천장 행렬이었으니 광경은 장대했을 것이다. 그 천장 경로에 관인官人과 백성들이 천 리에 걸쳐 지켜봤다는 심씨 문중의 전언傳言이 있다.

이제현, 〈수렵도〉. 국립중앙박물관 소장

2장
심연과 산청山淸의 인연

1. <안분음安分吟> ·· 61
2. 산청현감 심연? ·· 63
3. '산음감무(산청현감)' 설치는 1390년, 왜구의
   침탈에 따른 지방 구조 개편 작업의 일환이었다 73
4. 심연의 산청 유적 ·· 82
5. 심연의 후손 <심효상沈孝尙-심태산沈太山
   -심손沈遜>이 산청 석답촌에 거주하다 ················ 96
6. 심연의 사위 농은農隱 민안부閔安富의
   산청 은거와 유적 ·· 101
7. 민안부의 정부인貞夫人 청송심씨 유적 ················ 116
8. '현부인賢夫人 청송심씨' 아들 민수閔綏 ················ 124
9. 합문지후 심연沈淵의 5대손이며
   세종대왕의 처조카인 병조참의 심린沈潾,
   산청현감이 되어 환아정換鵝亭을 세우다 ············ 127
10. 합천 두산정 건립과 안분사 제향 ······················ 149

1. <안분음安分吟>

개경의 국왕 측근에서 활약한 심연은 세태에 염증을 느끼고 산청으로 은거한 것으로 보이는데, 그때의 심정을 잘 나타낸 시가 〈안분음安分吟〉이다. '안분安分'은 "편안한 마음으로 제 분수를 지킨다."는 뜻이다.

안분음을 읊고 자신의 현실을 위안하며 시국을 격정하며 살던 합문지후 심연이 자신의 심정을 노래한 시를 본다. 그는 개경을 떠나 궁벽한 시골에 살면서 매월 왕산에 올라가 개경을 바라보며 온갖 상념에 젖었을 것이다.

<안분음安分吟>

평생에 타고난 성질이 살림살이하는 데 관심이 적어서
모든 것을 하느님에게 맡기니 그 처분이 마땅하였네
고사리가 산에 가득하니 따로 남새밭 가꿀 것 없고
등나무가 집을 둘렀으니 자연히 울타리가 되었네
바람은 약속하지 않았으나 때때로 불어오고
달은 기약함이 없으나 밤마다 떠오르네
다른 사람은 속세의 일을 말하지 마오

북창에 높이 누워 헌원씨軒轅氏와 복희씨伏羲氏를 꿈꾼
다오23)

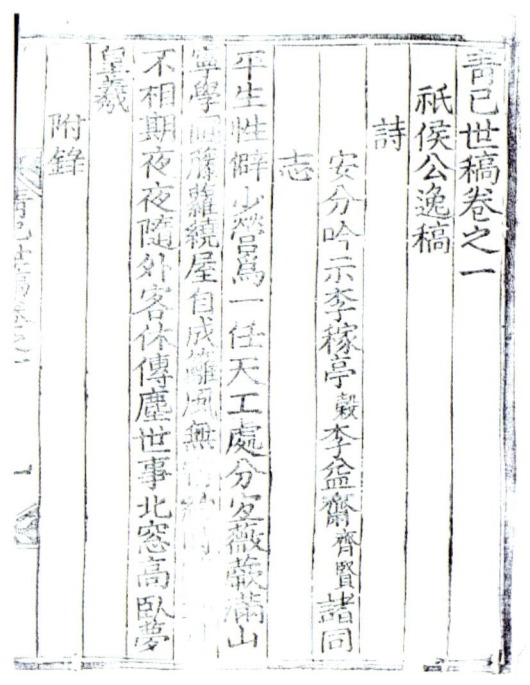

소류 심성지, 1899 『靑己世稿』(국립중앙도서관
古第 90301號 第2冊) – '안분음'이 고려 말의
대문호인 李穡과 李齊賢 등에게 보이기 위한
것임을 알 수 있다.
이 책의 서문에 金道和가 쓴 초서체의 서문이
있다.

---

23) 平生性癖少營爲一任天公處分宜薇蕨滿山寧學圃藤蘿繞屋自籬風無
夙約時時到月不相期夜夜隨外客休言塵世事北窓高臥夢軒羲

2. 산청현감 심연?

합문지후 심연은 산청현감으로 보임됐다고 하나, 오류인 듯하다. 그 첫 기록은 1774년에 간행된 『산청읍지』이다. 1774년은 심연이 별세한 지 400년이 지난 시점이다.

무슨 근거로 산청에 보임補任됐다고 기록했는지 알 수 없다. 그런데 이 기록이 차후 청송심씨의 족보를 비롯하여 문집 등에 그대로 인용되기 시작하여 지금도 그대로 '산청현감'을 역임한 것으로 인식하고 있다. 결론부터 말하면 합문지후를 역임한 심연은 산청현감을 역임하지 않았다. 몇 가지 근거를 제시하겠다.

❶ 산청은 원래 합천에 소속된 屬縣이어서 監務(이하 縣監으로 약칭함)가 없었다.24) 산청에 감무가 설치된

---

24) 『世宗實錄』 150권, 지리지 경상도 진주목 산음현(山陰縣): 본디 지품천현(知品川縣)인데, 경덕왕이 지금의 이름으로 고쳐서 궐성군(闕城郡)의 영현(領縣)을 삼았고, 현종 무오년에 합주(陜州) 임내(任內)에 붙였다가, 공양왕 경오년에 비로소 감무(監務)를 두었다. 본조에서 그대로 따랐다. 별호(別號)는 산양(山陽)이다(山陰縣: 本知品川縣, 景德王改今名, 爲闕城郡領縣. 顯宗戊午, 屬陜州任內, 恭讓王庚午, 始置監務. 本朝因之, 別號

것은 공양왕대인 1390년이다.25) 그리고 산음감무가 산청현감으로 개칭된 것은 조선 태종 때였다.26) 7살 된 남자가 아이를 낳았기 때문에 개명했다고 한다.27)

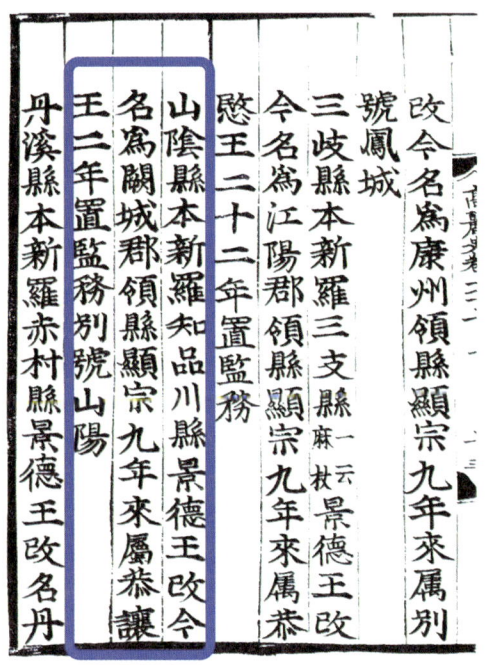

『高麗史』 산음현

　　山陽).
25) 『新增東國輿地勝覽』 경상도 산음현 연혁
26) 『高麗史』 지리2, 경상도, 합주, 산음현. "山陰縣本新羅知品川縣, 景德王, 改今名, 爲闕城郡領縣. 顯宗九年, 來屬. 恭讓王二年, 置監務. 別號山陽"
27) 『新增東國輿地勝覽』 경상도 산음현 연혁

❷ 심연의 생몰년은 정확히 알 수 없으나 1377년에 전라도 함열로 이장한 것이 분명하므로28) 1390년에 설치된 산음감무에 임명될 수가 없다. 이미 사망한 지 오래됐던 것이다.

따라서 『산청읍지』(1774년/1961년)는 기록의 오류일 것이다. 중앙관료였던 심연은 산청에 은거하고 그곳에서 별세하였다. 이후 400여 년이 지나 『산청읍지』를 처

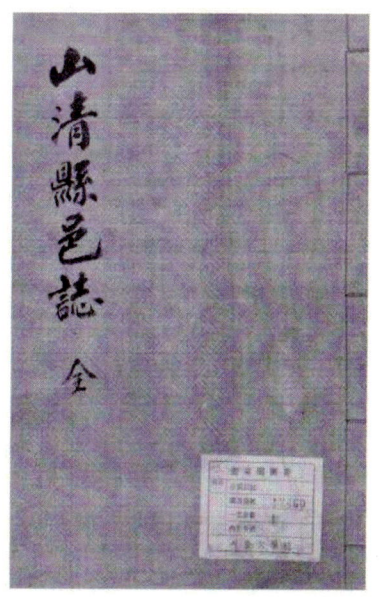

奎17460. 1774년경 간행

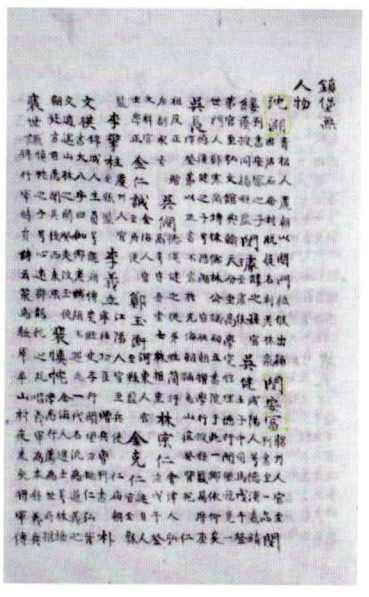

1774년경에 간행된 『산청현읍지』의 심연, 민안부 조

---

28) 〈沈淵 墓碣〉: 〈심연 지석〉의 문구는 다음과 같다. "閤門祗侯沈淵之墓屹山下南堂山辰坐戌向洪武十年(1377)9月12日 葬"

2장 심연과 산청山淸의 인연　65

음 만들 때, 그 지역 인사들이 심연은 산청현감을 퇴임하고 그곳에서 삶을 마감한 것으로 생각하여 읍지에 넣은 것으로 판단한다.

　　산청읍지가 편찬된 시기는 1774년이기 때문에 편찬자들의 고려시대 지방 구조에 대한 지식이 얕을 수밖에 없다. 편찬자 본인들이 살고 있던 조선후기의 지방 상황과 400년 전의 지방 구조가 확연히 달랐던 사실을 몰랐던 것이다.

　❸ 심연은 산청에 '현감'으로 간 것이 아니었다. 고려 말 원(몽고) 간섭 시기의 세태에 염증을 느끼고 궁벽한 시골을 찾아 일부러 낙향한 것으로 본다.

　　개경에서 천 리 길인 산청까지 무슨 연고가 있어 낙향했는지 알 수 없으나, 중앙 정계의 현실에 지극히 실망했던 것이 틀림없다. 그의 시詩 〈안분음安分吟〉에서 간접적으로 현실에 대한 염증의식을 읽을 수 있기 때문이다. "다른 사람은 속세의 일을 말하지 마오"라는 구절이 단적인 예이다.

　❹ 그리고 고려 때는 서류부가혼壻留婦家婚이나 남귀여가혼男歸女家婚이 풍습이었다. 즉 처가살이가 일반적인 추세였기에, 혹시 처가가 산청이었을 수도 있다. 심연의 부친 심홍부의 처는 함안 조씨咸安趙氏였다.29) 함안과

산청은 그리 멀지 않은 거리이고 어린 시절 함안의 외가에서 자랐을 가능성이 크다. 그러기에 심연이 중앙의 관계를 떠나 은거코자 할 때 외가에서 가까운 산청을 택했다고 본다.

❺ 심연이 산청 현감을 지내지 않았다는 사실은, 그의 지석誌石에서도 확인할 수 있다. 1715년에 심중량·심규 등이 발견한 묘지명에는 "합문지후 심연지묘"라고 돼 있었다.30) 지후공의 묘소를 이장한 청성백과 악은공은 자신들의 할아버지인 합문지후 심연을 직접 대면했거나 생생한 삶의 얘기를 들었을 것이다. 그런 분들이 직접 만든 지석誌石에 '산청현감(산음감무)'라고 기록하지 않을 이유가 없는 것이다. 현감을 역임했다면 당연히 '산청현감'이라는 직함이 지석에 들어갔을 것이다.

❻ 지석誌石에도 현감을 지낸 기록이 없지만, 묘소를 다시 찾은 후 다시 만

---

29) 沈相允 家乘에 의함 - 1957 『靑松沈氏大同譜-丁酉譜』
30) 〈합문지후 심연 묘갈〉

든 두 번의 묘갈(墓碣, 1715년·1720년)에도 산청현감을 지냈다는 기록이 없음을 본다.

❼ 산음에 토박이 성씨로 沈氏가 있었던 점도 심연이 그곳으로 낙향한 계기가 될 수 있다고 하겠다.31)

❽ 마지막으로 청송심씨 문중에서 발간한 족보 중 현재 남아 있는 가장 오래된 『기축보己丑譜』(1649년)에 '합문지후'로만 기재돼 있다. 산청현감을 지낸 기록이 없다.

심문의 첫 족보는 『을사보乙巳譜』로 1545년에 편찬되었다. 이 을사보를 제작할 당시에는 인수부윤공 후손인 심빈과 그 아들 호안공 심광언이 족보의 초고본을 순천부사 심통원에게 전하여 제작했다. 당대 조선 최고의 지식인이자 인물들이 편찬을 담당했던 것이다. 그러므로 족보에서 2세조의 직함을 "합문지후 산청현감 심연"이라고 기록하지 않았던 것은, 산청현감을 역임하지 않았기 때문이었다.

---

31) 『新增東國輿地勝覽』 경상도 산음현. 본현의 토성(土姓)이 5이니, 윤(尹)·서(徐)·조(曺)·심(沈)·여(余)이요, 내성(來姓)이 2이니, 송(宋)·진(陳)이며, 속성(續姓)이 2이니, 최(崔)·양(楊)이다(本縣土姓五, 尹,徐,曺,沈,余; 來姓二, 宋,陳; 續姓二, 崔,楊).

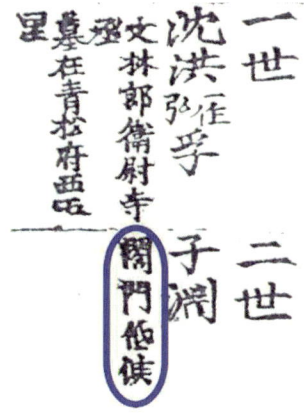

현재 남아 있는 가장 오래된 심문의 족보인 『기축보己丑譜』 (1649)에는 "합문지후"로만 기재돼 있다. 산청현감을 역임했다는 기록이 없다.

심문 족보에서 심연이 산청현감을 지냈다고 기재된 것은 1843년의 『계사보癸巳譜』가 처음이다. 이는 『산청현읍지』가 1774년경에 발행된 이후, 그것을 보고 삽입한 것으로 판단한다.

<대동보에 기록된 심연의 직함>

회차(서기)	직함	족보 원문
1회(1545)	족보 실물 없음	을사보
2회(1562)	족보 실물 없음	임술보
3회(1578)	족보 실물 없음	무인보
4회(1649) 기축보	閤門祗侯	

2장 심연과 산청山淸의 인연

5회(1713) 계사보	閤門祗侯	
『산청현 읍지』	1774년경에 간행된 『산청현읍지』의 심연, 민안부 조	1774년 『산청현 읍지』에 '보임 되었다出補'고 기록되기 시작함. 이후 일반 글에 서는 '산청현감'을 지냈다고 다수 기술함.
6회(1843) 계묘보	閤門祗侯, 出補本邑	
7회(1893) 계사보	閤門祗侯 出補本邑	

70 심연의 유적과 묘역의 수호 연구

8회(1920) 경신보	閤門祗侯 出補本邑	
9회(1957) 정유보	閤門祗侯 出補本邑	
10회(1972刊) 무술보	閤門祗侯 出補本邑	
11회(2002刊) 경진보	閤門祗侯 出補本邑	

마지막으로 이런 양상은 영모재의 현판에 있는 심신택의 〈지후공시를 차운한 시〉(1976)에서도 보인다. 현판 끝에 쓰인 구절을 보자.

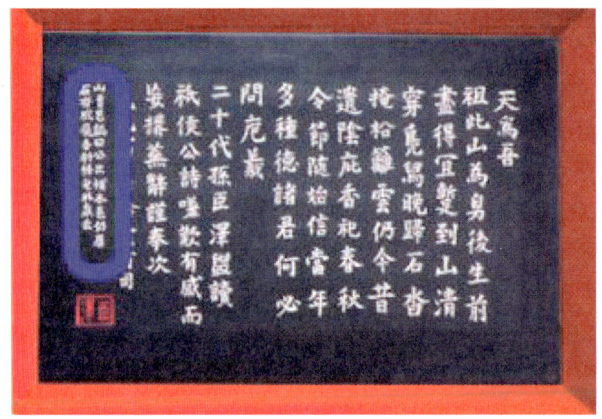

함열 영모재 현판. 유사 심신택의 시. 2021.8.10

3. '산음감무(산청현감)' 설치는 1390년, 왜구의 침탈에 따른 지방 구조 개편 작업의 일환이었다

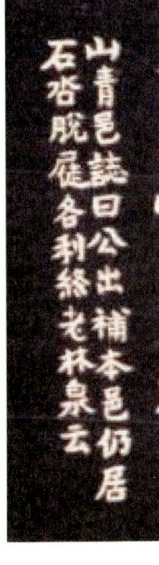

심신택 시의 끝부분. 『산청읍지』를 보고 심연이 '출보 出補'했다고 썼다.

왜구가 고려를 본격적으로 침입하기 시작한 충정왕 2년(1350)부터 고려 말까지 왜구의 피해를 받은 곳은 모두 242개 군현이다. 고려국가의 전체 군현이 520개였는바, 이 중 46.5%가 왜구의 피해를 받은 것이다.[32]

---

32) 朴宗基, 2008〈고려 말 왜구와 지방사회〉『한국중세사연구』 24호, 175쪽

고려 말인 공양왕대에 감무가 파견된 지역은 왜구의 피해를 입은 지역과 관련이 있었다. 왜구가 너무 많아서 경상도가 적의 소굴이 되어버렸다는 기록은 그 상황을 짐작케 한다. 조준 열전에서 확인해 본다.

여러 번 승진하여 전법판서典法判書가 되었는데, 그때 왜구 너무 많아서 경상도가 적의 소굴이 되어버리니 주군州郡은 소란스러워지고 민民은 모두 산골짜기로 달아나 숨었다. 나라의 기강이 서지 않아 장수들은 왜구를 장난스럽게 여기고 바라보기만 하면서 싸우지 않으니 적의 기세가 나날이 높아졌다. 도통사都統使 최영崔瑩이 조준을 천거하여 체복사體覆使로 삼으니, 조준이 〈경상도로〉 가서 도순문사都巡問使 이거인李居仁을 불러 그가 머뭇거리며 싸우지 않은 죄를 추궁하고 병마사兵馬使 유익환兪益桓을 목 베었다.
이거인과 여러 장수들은 매우 두려워하면서 말하기를, "차라리 적에게 죽임을 당하더라도 조공趙公의 위엄을 거스를 수 없겠구나."라고 하면서, 모두 힘을 다해 싸워 승전보를 올리니 온 도道가 그 덕분에 편안해졌다.
조준은 또 도당都堂에 상서上書하여 효자孝子와 열녀烈女로서 적에게 죽은 사람을 정표旌表하게 하였다. 밀직제학 상의회의도감사密直提學 商議會議都監事로 발탁되고서는 우왕이 조준을 불러서 말하기를, "양광도楊廣道·경상도는 왜적의 기세가 높아만 가는데도 원수

元帥와 도순문사都巡問使가 겁을 내며 싸우지 않으니 경卿이 가서 군기軍機를 감찰하라."고 하였다.

조준이 말하기를, "신臣의 어머니께서 나이가 여든이 넘었고 묵은 병이 더 심해지고 있으니 다른 사람을 보내주시기를 간청하옵니다."라고 하였으나, 우왕은 말하기를, "경이 정직하고 사사로이 하지 않으면서도 위엄과 덕망을 갖추었으므로 경을 바꿔줄 수가 없다."고 하였다.

이에 조준이 말하기를, "전하께서 만약 〈경상·양광〉 두 도를 전면 통제할 수 있도록 해주시고 장수들 가운데 머뭇거리고 싸우지 않다가 계속 지는 자들을 신의 뜻대로 처단할 수 있도록 허락하신다면 신이 삼가 명령을 받들겠습니다.

그렇지 않으면 원수와 도순문사의 지위가 신보다 위에 있는데 그들이 어찌 신을 두려워하여 사지死地로 나아가겠습니까?"라고 하니, 장수들의 족당族黨이 그를 꺼려 우왕에게 아뢰어 임명하지 말도록 하였다.

〈그러나〉 왜구가 강릉교주도江陵交州道로 침략해 오자, 조준을 도검찰사都檢察使로 삼고 선위좌명공신宣威佐命功臣의 칭호를 내려주었다.33)

산청은 현감이 없이 향리가 자치하는 합주[합천]의 속현이었다. 현감이 없어도 읍사邑司에 근무하는 향리들을

---

33) 《高麗史》 18, 列傳 31, 趙浚

통해 행정이 이루어지고 있었다.34) 5일에 한 번 정도 산음(산청)의 향리(공무원)가 합주(합천)에 가서 업무 지시를 받고 이를 수행하는 형태로 존재하였다. 이를 '육아일 六衙日'35)이라고 하는바, 이런 속현이 고려시대에는 다수 존재했고 그것이 고려 지방구조의 특징이었다.

고려시대(918~1392)에 산음山陰은 합주陝州에 속해 있는 속현 屬縣이었다. 당시 진주목 관할 히에 있던 합주는 12개의 읍邑을 거느린 주읍主邑이었다. 합주(합천)의 지방관이 12개 현縣을 지휘했다는 뜻이다. 그 관할도를 보면 다음과 같다.36)

김윤곤, 〈고려시대 진주목의 관할구역도〉 -지도에 표시한 색은 필자가 가필한 것임. 진주목의 속현 수는 晉州 9, 陝州 12, 巨濟 3, 南海 2곳이고, 固城은 없었다.

---

34) 李樹健, 1989 〈高麗時代 '邑司' 硏究〉『國史館論叢』 3집, 59쪽
35) ・『高麗史』 132, 列傳45, 叛逆6, 辛旽. "六衙日聽政則聽訟官 (…)"
　　・尹京鎭, 2000 『高麗 郡縣制의 構造와 運營』, 서울대국사학과 박사논문, 250쪽
36) 金潤坤, 1983 『高麗郡縣制度의 硏究』, 慶北大史學科 博士論文,

산음은 합주에 속한 속현으로서, 군수나 현감이 없었다. 고려가 망하기 2년 전인 1390년에 가서야 왜구 침탈로 인한 지방 구제책의 하나로 현감의 전신인 감무監務가 파견되었던 것이다. 따라서 합문지후 심연沈淵은 산음감무(=산청현감)가 될 수 없다. 산음감무가 파견되기 13년 전인 1377년에 묘소를 전라도 함열咸悅로 이장했기 때문이다.

　　필자는 심연이 1377년보다 훨씬 이전에 사망했을 것으로 본다. 묘소를 이장한 심덕부·심원부 형제의 부친인 심룡이 함열의 터를 잡아놓고, "형편이 되는대로 이장하라"고 유언했다는 것에서 짐작할 수 있다.

　　그런데 고려 왕조가 망하기 2년 전인 1390년(공양왕 2년), 산음에 감무監務가 처음 파견되었다.37) 이제 산청은 '합천에서 독립'한 것이다. 감무 파견이 이유는 여러 가지가 있겠지만 무엇보다 왜구의 침탈로 인한 지방사회의 안정을 위해서였다.

　　우왕 말년 왜구의 침입이 거의 소멸되고 위화도 회군으로 본격적인 개혁이 시행되면서, 왜구의 피해

87쪽
37) 산음감무는 '權由道' 한 명의 이름만 전한다. "〈宦蹟〉權由道-設邑初監務(『輿地圖書』山陰縣).

가 컸던 남부지역을 중심으로 복구책이 시행되었다. 대표적 시책의 하나가 공양왕대 감무監務정책이다. 감무가 파견된 군현을 중심으로 주변의 영세한 속현屬縣과 부곡部曲지역을 내속來屬시켜 사실상 새로운 수취단위인 군현을 신설하는 방식의 군현개편이 당시 감무 정책의 본질이었다.38)

위와 같은 공양왕대의 감무를 청성백 심덕부沈德符 등은 신정감무新定監務라고 칭하여 이전의 감무와 구분하여 인식하고 있다.39) 감무가 현감縣監으로 개칭된 것은 조선 태종 때이다.40)

청성백 심덕부沈德符 등은 감무를 '신정감무新定監務'라고 칭하면서 도당都堂(도평의사사)에서 신정감무를 관리하겠다고 요청한 것은, 도당을 통해 중앙과 지방의 권력을 모두 장악하기 위한 의도였다.41) 다음 기사를 주목해 보자.

---

38) 朴宗基, 2008〈고려 말 왜구와 지방사회〉『한국중세사연구』 24호, 205쪽
39) • 윤경진, 1991〈조선 초기 군현 체제의 정비와 변화〉『한국사론』 24, 108~109쪽
   • 尹京鎭, 2000 『高麗 郡縣制의 構造와 運營』, 서울대국사학과 박사논문, 287쪽
40) • 『太宗實錄』 26, 태종 13년 10월 15일, 辛酉 "監務改縣監"
41) • 신서영, 2019 『공양왕대 '新定監務'의 정치적 성격 – 고려시대 監務 파견의 추이와 양상을 중심으로-』, 전남대대학원 석사논문 34쪽
   • 원창애, 1983 『高麗 中·後期 監務增置와 地方制度의 變遷』,

문하시중門下侍中 심덕부沈德符, 수시중守侍中 배극렴裴克廉이 여러 도의 관찰사觀察使를 혁파하고 안렴사按廉使를 복구할 것과 절제사節制使·경력도사經歷都事를 혁파하고 장무녹사掌務錄事를 복구할 것을 청하였으며, 또한 새로 정한 감무監務와 여러 역승驛丞, 여러 도의 유학교수관儒學敎授官, 자섬저화고資贍楮貨庫, 인물추쇄도감人物推刷都監, 동서체운소東西遞運所, 수참水站, 그리고 호구성적戶口成籍, 우마낙인牛馬烙印, 주군州郡의 향사이장鄕社里長 등과 관련한 법을 폐지하고 나아가 각 관사로 하여금 무릇 결재를 받을 일은 모두 도당都堂에 직접 보고하도록 하여 6조六曹에 예속시키지 말 것을 청하였다.42)

이 시기에 감무가 파견된 곳은 주로 경상도 일대였다. 지도로 표시하면 다음과 같다.43)

韓國學大學院 碩士論文, 45쪽
42) 『高麗史』 卷116, 列傳29, 沈德符. "門下侍中沈德符守侍中裴克廉請罷諸道觀察使復按廉使罷節制使經歷都事復掌務錄事且罷新定監務諸驛丞諸道儒學敎授官資贍楮貨庫人物推刷都監東西遞運所水站及戶口成籍牛馬烙印州郡鄕社里長等法又令各司凡受稟事皆令直報都堂勿隷六曹"
43) 元昌愛, 1983 『高麗 中·後期 監務增置와 地方制度의 變遷』, 韓國學大學院 碩士論文, 45쪽

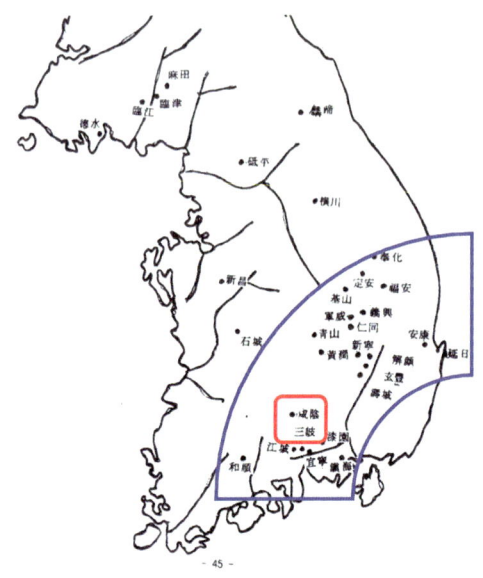

원창애, 1983 〈恭讓王朝의 監務 설치 지역〉
: 색선은 필자가 가필함. 지도엔 없으나 합주 속현인 咸陰 외에도 1390년에 山陰과 丹溪에도 감무가 파견되었다.

공양왕대에 감무가 파견된 것은

❶ 신진사대부新進士大夫의 개혁정치로 감무를 확대 설치한 것

❷ 홍건적과 왜구의 침입으로 군공상직軍功賞職으로 첨설직이 크게 부여되었으며

❸ 왜구의 침입으로 토착 향리들이 그들의 근거지를 버리는 일이 발생하여 향리 세력이 약화되었다. 그리

하여 우왕 대까지 계속되던 왜구의 침입이 잠잠해지자 공양왕대에 감무를 설치할 수 있었다.44)

이러한 감무의 증치는 이성계와 신진사류의 정치적 세력을 확대하기 위한 것이기도 했다.45) 이로 보건대 신정감무의 경우는 공민왕대 이후 감무와 현령의 개혁을 계승하는 한편, 과거급제자 위주로 외관을 충당하여 그들 나름의 중앙 집권화를 이룩하려 했던 것으로 판단된다.46)

이는 "공양왕대 民과 가장 밀접한 관계를 갖는 말단 외관인 監務를 대규모로 속현에 파견하여 민을 공권력 내에 철저히 편입시켜 정도전·조준 계열의 개혁방안으로 왕(국가)이 직접 수령 및 監務를 통하여 민을 관장할 수 있는 집권체제를 강화하고자 한 것이다."47)

한편 최근의 연구에 의하면 고려시대 지방구조의 특징인 주현-속현 체제는 원元복속기에 이르면 사실상 해체의 국면으로 접어들었다고 한다.48)

---

44) 元昌愛, 1983 『高麗 中·後期 監務增置와 地方制度의 變遷』, 韓國學大學院 碩士論文, 46~48쪽
45) 신서영, 2019 〈공양왕대 '新定監務'의 정치적 성격〉, 전남대 석사논문
46) 崔瑑奎, 2020 『역사와 현실』118, 461쪽
47) 方暻美, 2002 〈고려말기 지방사회의 동향과 監務派遣〉, 연세대교육대학원 석사논문. 37쪽
48) 정요근, 2021 『역사와 현실』120호, 183쪽

4. 심연의 산청 유적

1) 망경대望景臺

개경 관료로 생활했던 심연은 그 생활 여력이 있었다고 보인다. 그러니 관직이 없어도 낙향하여 일상을 영위할 수 있었던 것이다.

망경대. 우측 비석은 1909년에 閔泰爀, 閔致溫이 세웠고, 좌측 비석은 1961년에 (雙孝) 閔命鎬·(花溪) 閔亨鎬·閔致三·閔致財·(丹上) 閔容鎬 등이 건립하였다. 2021.7.30

심연이 머문 '석답촌 자연동'은 지금의 산청군 금서면 특리이다. 여기서 王山(923m)에 가끔 올라 개경을 바라보며 왕조의 운명을 걱정했던 것이다. 그 자리가 바로 '망경대望京臺'이다.

이 망경대에는 그 후 심연의 사위 농은 민안부가 매월 올라가서 고려왕조의 멸망을 슬퍼했다고 하니 장인과 사위가 나라를 걱정하는 마음이 같았다.

심연과 민안부는 생존 시기가 차이가 있어서 산청에서 같이 생활하지 못했다. 민안부가 산청에 은둔하기 (1393년) 훨씬 전에 장인 심연 부부가 먼저 세상을 떠났기 때문이다 (1377년 9월에 심연 묘가 함열로 이장되었다).

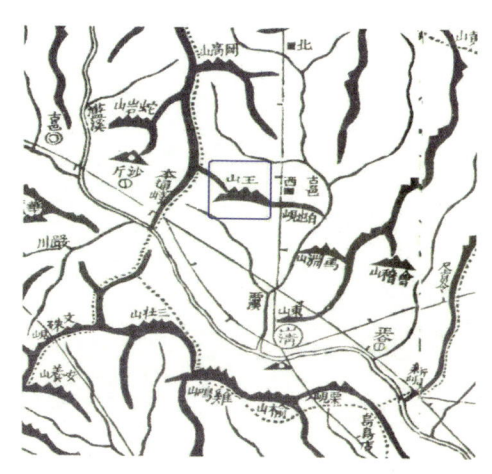

김정호, 〈대동여지도〉에 보이는 王山

왕산의 '망경대' 오르는 길. 2021.7.30.

　그 후 심연과 부인 파평 윤씨는49) 그곳 산청에 묻혔고, 심연의 두 손자인 심덕부와 심원부 형제는 무진 심룡沈龍의 유언을 받들어 조부모의 묘소를 경남 산청에서 전라도 함열로 옮겼다. 그 운구 행로에 관료와 백성들이 십 리에 걸쳐 지켜봤다는 전설이 있다.50)
　청송심씨 일가들에게 산청군 왕산의 〈망경대〉 유적을 처음으로 소개한 분은 심동섭沈東燮 진주향교 전교이다. 필자는 심동섭 전교로부터 "당시 겨울철인데 망경대

---

49) 沈相允 家乘에 坡平尹氏라고 한다(1957, 丁酉譜).
50) 沈載鎬, 1976 〈永慕齋重建記〉. 영모재중건기는 전북 익산시 함열읍 남당산의 재각 '永慕齋'에 걸려 있는 현판이다.

까지 힘겹게 올라가 찍은 사진"이라고 들었다. 아마 심문에서 '처음 소개한 망경대 사진'일 것이다.51)

1991년의 망경대 모습.
沈東燮 대종회 부회장 촬영

---

51) • 沈東燮, 1991〈祗侯公의 遺蹟紹介〉[沈燦燮 발행, 1991『靑松의 뿌리』, 4호(1991.4.20) 3면]
  ⇨ 안효공종회, 2009『山義室記』, 화보에 〈망경대〉 재수록

王山 전경. 왕산(923m) 중턱에 망경대望京臺가 있다. 합문지후를 역임한 심연은 관직을 단념하고, 이 근처 석답촌 자연동에 은거하며 이 왕산에 올라 시국을 걱정하였다.

당시는 몽고(원)의 간섭을 심하게 받던 고려 말기여서 궁중을 비롯하여 고려 사회 전체가 어수선하였다. 당시 몽고가 저지른 고려에 대한 모멸 행위는 말로 표현할 수 없을 만큼 극에 달했다. 몽고 사신이 고려국왕을 발로 차기도 하였다.

2021.7.30

근래 세운 비석 **전면**
(45cm×150m/두께 46m).
건립 시기: 4294년
= 1961년 2021.7.30

근래 세운 비석 **후면**
(45cm×150m).
건립 시기: 4294년
= 1961년 2021.7.30

왕산 정상의 망경대에 세워진 민안부 기념비
- 전면(32cm×78m).

왕산 중턱의 **망경대**. 민안부의 후손들이 망경대 정상에 세운 민안부 기념비 후면. 🈳 2021.7.30

- **심연**은 이곳에서 개경을 바라보며 원나라(몽고) 간섭시기의 혼란한 국정을 걱정하였다.
- 조선이 개국한 뒤 심연의 사위 **민안부**가 이곳에 올라 종신토록 고려의 멸망을 슬퍼하였다.
- 〈왕산 망경대 비문 내용〉: 선생의 성명은 민안부이고 호는 농은이다. 관직은 예의판서였다. 고려의 운명이 다하자 두문동에 들어간 이후 산음의 대포에 정착했다. 매월 1일 이곳에 올라 개성을 바라보니 사람들이 '망경대'라고 하였다. — 1909년 7월에 세움. 후손 민태혁, 민치온

망경대 공간에 설치된 안내문. 심연에 대한 언급은 없다.

망경대 아래 석벽에 새겨진 건비공로기념建碑功勞記念
각석에는, 1961년에 두 번째 비석을 세울 시 공로가 있는 민씨 성명을 새긴 듯하다. (雙孝) 閔命鎬, (花溪) 閔亨鎬, 閔致三, 閔致財, (丹上) 閔容鎬. 2021.7.29.

2) 심연 유허비 遺墟碑

유허비遺墟碑는 선인들의 자취가 남아 있는 곳에 그들을 기리기 위해 세운 비로서, 현재 4기 정도가 있다.[52]

이 중에 〈심연 유허비〉는 경남 산청군 금서면 특리에 있는바, 1934년 4월에 세웠다.[53] 경남 지역의 심씨 후손들이 건립한 것으로 조상에 대한 간절한 추모의 심정을 읽을 수 있다.

심연 유허비의 건립일은 비석의 측면에 '알봉엄무사월閼逢閹茂四月'이라고 돼 있다. 이는 '갑술년甲戌年 4월'의 다른 표현이다. 서기로는 갑술년이 1874(고종 11년)이나 1934년이다. 1934년에 세운 것으로 전한다.

한편, 이 심연 유허비에는 심연이

"시詩를 외손자 민수에게 주었더니 그 시에 답하여 '어찌 유독 어짊을 이룸이 살신에만 있으리오. 서산

---

52) 유허비란, 선인들의 자취가 남아 있는 곳에 그들을 기리기 위해 세운 비이다. 다음 4기의 유허비가 대표적이다.
❶ 2세조 심연 유허비: 경남 산청군 금서면 특리
❷ 4세조 심덕부 유허비: 〈양계사〉. 장성군 남면 내마길
❸ 6세조 심회 유허비: 전남 곡성군 고달면 고달리
❹ 6세조 심회 유허비: 경북 구미시 고아읍 예강리
53) 1991, 〈沈淵〉『靑松沈氏石村公派譜』, 3쪽

에 고사리 있으니 다시 봄이 오겠네. 앞강에 가서 다시 나루터를 묻지 않는가'라고 했다."

는 글귀가 있다.54)

유허비 원경. 1990년 도로 확장으로 진주종회(회장 相倫)에서 경비를 마련하여 유허비를 현재 장소로 이전하고 고유제를 올렸다(沈東燮, 1991.4.20. 〈祗侯公의 유적소개〉『靑松의 뿌리』4호 3면).

이 부분은 오류인 듯하다. 심연과 외손자 민수는

---

54) ▸ 〈閤門祗侯沈淵遺墟碑〉
   ▸ 〈閔綏 墓表〉
   ▸ 임종욱, 2016, 『은둔을 택한 고귀한 충혼- 농은 민안부』, 보고사, 215~216쪽

만날 수 없다. 심연의 묘소는 1377년 9월에 전라도 함열로 이장되었기에 그 이전에 부부가 모두 사망하였고, 민수는 아버지 민안부를 따라 조선 개국 후에 산청에 들어왔다. 1393년경이다. 아마도 외조부 심연의 〈안분음〉 시를 읽고, 그 감상을 적은 것이라 본다.

심연 유허비[1934.4 건립]

민안부와 그 아들 민수는, 심연과 생전에 산청에서 같이 살지 못했다. 아마도 심연의 따님인 청송심씨가 친정 부모님이 은거했고 묘소가 있는 산청으로 은거지를 정하자고 주장하여 성사됐음이 분명하다.

한편 "민씨들이 심연 유허비를 세우고 관리를 한다

고 그곳 주민들이 증언하고 있다"55)고 하는 서술은 의아하다.

심연 유허비.
경남 산청군 금서면 특리 덕촌마을.
2021.7.30

---

55) 임종욱, 2016, 『은둔을 택한 고귀한 충혼- 농은 민안부』, 보고사, 130쪽

심연 유허비에서 바라본 덕촌마을. 유허비에는 '석답촌 자연동'이라고 기록돼 있다. 이 마을에 합문지후공 심연이 은거하며 살았던 것으로 전한다. 여기서 멀지 않은 곳에 심연의 사위 민안부가 살았던 '대포서원'이 있다. 2021.7.30

3) 퇴로정退老亭

이곳 금서면에 심연의 또 다른 유적으로 유허비 근처에 퇴로정退老亭이 있었다고 한다.

5. 심연의 후손 <심효상沈孝尚-심태산沈太山-심손沈遜>이 산청 석답촌에 거주하다

1) 석답촌石畓村과 심효상의 호 석촌石村

심연의 손자인 악은공 심원부의 자손들이 석답촌에 거주하였다. 심원부의 큰아들 영동정 심천윤이고, 천윤의 아들 심효상은 호가 석촌石村이다. 이는 바로 산청군 금서면 특리의 옛 이름인 '석답촌石畓村'에서 유래한 것으로 생각한다. 필자는 석촌공의 '석촌'은 고조부 심연의 석답촌을 그리워하여 지은 호라고 보고 있다.

2) 심태산

석촌공 심효상의 아들 심태산沈太山은 석답촌으로 이사하여 살았다. 그러다 안동으로, 다시 선영이 있는 청송으로 주거지를 옮겼다.56) 심태산 역시 산청을 그리워

---

56) 〈7세조 부사과공 휘 태산(太山) 유사〉 太山 (…) 호가 석촌(石村)이니 (…) 영락 11년 계사 2월 3일에 산음(山陰)의 석답촌(石畓村)에서 낳았고 어렸을 적부터 성품이 총명하고 영리하여 겨우 배울 때에 번거롭게 가르침을 받지 않아도 문예가 일찍 성취되었다. (…) 계축년에 안동 재산(才山)에 이사하여 살다가 이듬해 갑인년에 처음으로 청송의 월명촌에 돌아와서 산 것은 그 선

농천재弄泉齋. 심태산의 호가 농천재이다.
경북 청송군 청송읍 거대리

한 것이다.

3) 심손

심태산이 산청 석답촌에 거주할 때 태어난 월헌月軒 심손沈遜은 이사를 갔다가 다시 석답촌으로 낙향하여 살았다.

> 대의 여러 산소가 있는 고향이고 또 숙부 참판공의 사는 곳이 가깝기 때문이었다 (…) 자호를 농천(弄泉)이라 하였고 점필재 김선생 종직(宗直)이 찾아오면 같이 찬경루에 올라가 시를 지었으나 글이 불행히 불에 타 없어졌다 (…) 향년이 겨우 23이었다. 임종에 다른 말은 하지 않고 오직 조상의 일이 황폐된 것으로써 근심하였고 부내(府內) 거대곡 장등(長嶝) 묘좌원에 장사지냈다 (…) 장남 손(遜)은 나이 여섯 살이요 2남 홍(洪)은 세 살이다 (…) 후손 심덕영이 삼가 씀.

심손 묘갈명을 보자.

심공 휘 손遜이 그 한 분이다. (…) 어머니는 안동권씨 처사 진軫의 따님으로 선생을 산음 석답촌 집에서 낳으니 나면서부터 재능才能이 뛰어나고 효도와 우애가 있으며 문학이 날로 성취되었다.

(…) 여섯 살에 아버지를 따라 청부靑鳧의 월명촌月明村에 이사하여 (…) 종조從祖 청천군靑川君이 매우 사랑하고 중히 여겨 말하기를 가문을 맡길 사람은 이 아이라고 하였다. (…) 세조가 정권을 잡자 드디어 전리田里 새태塞兌로 돌아가 (…) 55년을 살았다.
오랫동안의 병석에서 스스로 지문誌文을 지었고 (…) 장남은 필륜弼倫으로 호군護軍이요 2남은 필서弼瑞이며 (…) 필륜의 아들은 학령學齡으로 (…) 학령의 아들은 청淸이니 진사요
(…) 서찬규가 삼가 지음.57)

---

57) 〈사공(휘 손)묘갈명〉

심손 묘소와 묘표석. 경북 청송군 청송면

4) 심손의 손자가 임란 시 의병장 심청沈淸

　　심청은 악은공 심원부의 7세손으로 1554년생이다. 임진왜란 소식을 들은 그는 군량미로 쓸 곡식을 모으고 무기를 만들었다. 전란 중에 큰 공을 세우고 훈련원봉사에 임명되었다. 그리고 심청이 세상을 떠난 후 선조는 그에게 '벽절碧節'이란 호를 내렸다. '겨울철에도 소나무는 변치 않는다'는 뜻이다. 이후 심청이 지은 구송정은 벽절정이 되었고 사람들은 그를 벽절공이라 불렀다.

심청의 **벽절정**碧節亭. 경북 청송군
2021.4.22

벽절정 편액. 고담 심재덕沈載德 안동선비문화박물관장의 글씨이다. 2021.4.22

6. 심연의 사위 농은農隱 민안부閔安富의 산청 은거와 유적

1) 민안부의 산청 은거는 장인 심연과 부인의 영향이었다

　　개경에서 고려 왕조의 고위 관료였던 민안부가, 조선이 건국되자 은거를 결심하고 개성의 두문동에 들어갔다. 이때 악은공 심원부는 고숙姑叔인 민안부와 함께 두문동에 들어가면서 고모부에게 준 시가 전한다.

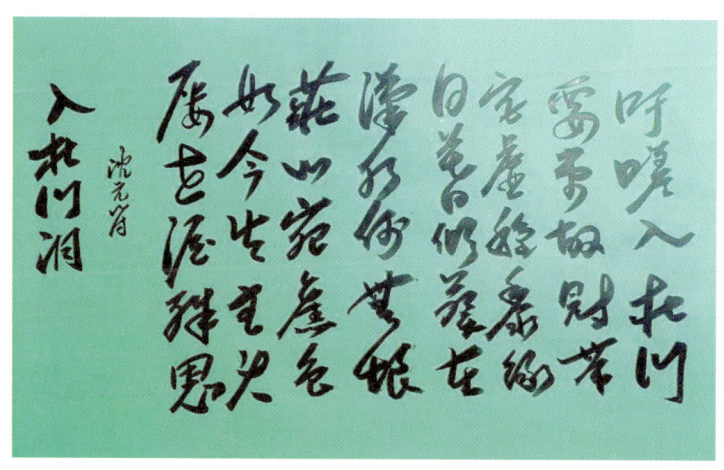

악은공 심원부의 詩 〈입두문동〉

그런데 민안부는 두문동을 나와 원주를 거쳐 지리산 배록동에 머문 뒤, 산음(산청)의 대포리에 정착했다. 이 산음 정착은 아마도 부인 청송심씨의 영향이 컸음에 틀림없다. 따라서 이곳에 정착한 것은 다음과 같은 이유에서일 것이다.

❶ 산청군 대포리는 외진 시골이어서 은거에 적합했을 것이다. 더불어 조선의 집권층 인물들과 거리가 멀어서 심적으로 위안이 되고, 혹시 모를 직접적인 신변의 위협도 방지하는 효과가 있었다고 생각한다.

❷ 이때 민안부의 장인인 심연은 이곳 석답촌 자연동에서 작고했으니, 그 기반도 무시할 수 없었을 것이다. 이렇듯 민안부 부부는 친정 부모의 거주지에 정착하는 것이 이점이 많았을 것이다. 이런 상황이기에 민안부의 아들 민수閔綏가 동복현감同福縣監직을 사양하고도 생계를 유지할 수 있었던 것이다.

그 후 민안부 후손들은 6파로 나뉘어 번성했고, 산청의 양반으로서 존재했으며 일제 침략기에는 〈관동 창의대장〉 민용호閔龍鎬(1869~1922)가 출현할 수 있었다. 민용호 의병장은 산청군 금서면에서 성장하였으니, 먼 옛날 심연과 민안부 선조의 '망경대望京臺'얘기와 절의節義에 대해 듣고 자랐을 것이다.

관동창의대장 **민용호**閔龍鎬(1869~1922). 경남 산청군 금서면 특리 심연 유허지에서 태어난 민용호 의병장은, 명성황후 집안에 양자로 들어가 1896년 을미사변(왕비 시해)이 발생하자 강릉으로 진출해 〈관동창의대장〉이 됐다.

2) 민안부의 산청 유적

① 망경대 望京臺

　농은 민안부는 산음(산청)으로 은거한 이후, 자손들에게 조선에서 벼슬하지 말라고 유언하였고, 매월 초 이 망경대에 올라 통곡하기를 종신토록 했다고 한다.

멀리서 본 왕산 - 저곳에 망경대가 있다.

왕산 중턱의 망경대

② 묘소

심연의 사위 농은 민안부 묘소. 경남 산청군 오부면 내곡리 산 9번지. 1994년에 새로 비석을 세웠다. 2021.7.30

민안부 (구) 묘표 2021.7.30

③ 민안부를 배향하는 대포서원 大浦書院

민안부 부자를 봉향한 대포서원 정문. 2021.7.30

대포서원 편액. 2021.7.30

산청 대포서원
山淸 大浦書院

　대포서원은 고려말 충신인 농은(農隱) 민안부(閔安富)의 절의를 기리기 위해 1693년(숙종 19) 지역 유림과 후손들이 세운 서원이다.
　민안부는 일찍이 등과하여 대소의 관직을 거치고 고려 공양왕 때 예의판서(禮儀判書)를 지냈다. 1392년 이성계(李成桂)가 조선을 개국하자 선생을 비롯한 72현은 이에 반대하여 두문동에 은둔하였으며, 후에 산청군 대포리로 내려와 살면서 매월 초하루와 보름에 강고산 망경대에 올라 송경(松京)을 바라보면서 고려조를 추모하였다고 한다.
　대포서원은 대원군의 서원철폐령으로 훼철되었다가 1874년(고종 11) 유림과 후손들에 의하여 복원되었으며 그 후 수차례의 보수를 거쳐 오늘에 이르렀다.

대포서원 안내문

봉화산 청송심씨 묘역으로 올라가는 길목에서 본 **대포서원**
🅟 2021.7.30

④ 대포서원 내에 있는 숭절사崇節祠

대포서원 내에 있는 **숭절사**. 농은 민안부 선생과 그 아들 민수閔綏를 배향하고 있다. 🅟 2021.7.30

2장 심연과 산청山淸의 인연 **109**

⑤ 민안부 시 ㊀ 만월대 연구

대포서원에 걸린 민안부의 시가 포함된 만월대 연구
2021.7.30

대포서원의 현판 시 옆에는 다음과 같은 친절한 번역문이 붙어있다.

민안부: 만월대 밤 가을바람에 차가움을 느끼니
안성: 한 조각 장안 달에 모여서 앉았구나
정몽주: 만리에 구름이 사라지니 하늘마음 넓고
서견 : 천가에 연기 끼이니 동네 어구 넓구나
김주: 오늘 저녁 두루미잔에 관야(觀野. 좌천한)의 손님이요

이종학: 내일 아침 칼 찬 이는 진나라 관원이라
남을진: 비단자리 술파하니 가인이 일어나고
정광: 좋은날 훗날에는 다시 얻기 어렵겠다

개성 만월대 유적. 심연이 젊은 시절에 근무한 고려 왕궁이다.

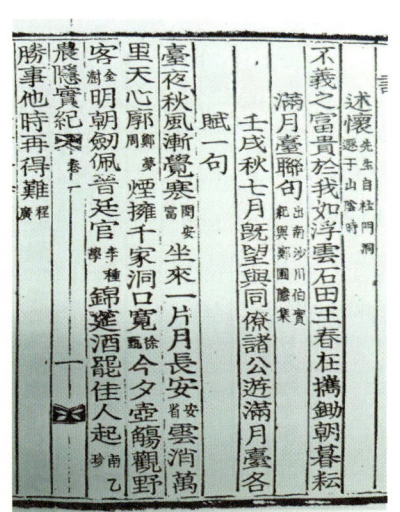

閔安富 시 〈술회/만월대 연구〉
『農隱先生實紀』(閔百閏 編)

⑥ 민안부 시 ㈢ 술회

민안부가 산음에 은둔하면서 쓴 대표적인 시 〈술회〉를 보자. 『논어』 술이述而 편을 원용해 썼다.

대포서원에 걸린 민안부 시 〈述懷〉

<술회>

옳지 못한 부귀란
내게는 뜬구름과 같다네
돌밭에 왕씨의 봄이 있으니
호미 메고 조석朝夕으로 김을 매리라58)

---

58) ▶ 不義之富貴於我如浮雲石田王春在携鋤朝暮耘
　　▶ 『論語』〈述而〉 不義而富且貴於我如浮雲

⑦ 민안부 재실 - <송계재松溪齋>

민안부 묘소 아래에 있는 재실 <松溪齋> 2021.7.30

<松溪齋> 편액

농은 민안부 재실 〈松溪齋 移建記〉. 후손인 進士 閔丙爀이 썼다.
2021.7.30.

⑧ 민안부 신도비 ㊀

민안부 (대포리) 신도비. 의병장 기우만이 지었다. 민안부 신도비는 오부면 양촌리에도 있는데, 후손 민병승이 썼다.
2021.7.30

⑨ 민안부 신도비 ⼆

민안부 (양촌리) 신도비. 경남 산청군 오부면 양촌리 262번지. 큰 길가에 있으며 후손 민병승(1866~?)이 지었다. 비문에는 "선생이 훗날 산음현 대포리에 은거하며 농사를 짓고, 농은거사 農隱居士라 자호自號했다"고 한다. 2021.7.30.

7. 민안부의 정부인貞夫人 청송심씨 유적

정부인 청송심씨는 합문지후 심연의 따님이자 사위 농은農隱 민안부의 부인이다. 정부인의 오빠 청화부원군 심룡沈龍은 집안에 책이 많아서 이규보가 '심윤장沈允章'으로 불렀다고 하나. 이규보는 생존 시기가 심룡보다 훨씬 앞서기 때문에 고증에 문제가 있다.

심룡은 큰아들 심덕부의 공로로 청화부원군으로 추봉되었고, 딸은 민안부와 혼인하여 외아들 민수閔綏를 두었다.

산청에 농은 선생이 은거하게 된 계기는 이 심씨의 역할이 절대적이었다고 본다. 현명한 부인으로 소문이 자자하여 당대에 '현부인賢夫人'으로 불렸다고 부인의 묘표에 적혀 있다. 청송심씨는 정치적으로 민감한 시기에 친정 부모의 유허가 있는 '친정'인 산청으로 내려간 것이다. 그곳에서의 내조의 공이 컸을 것임은 물론이다.

심씨는 사후 대포서원의 우측 봉화산 기슭에 묻혔다. 민안부 묘역과는 거리가 있는데, 아마 부군의 묘역이 좁아서 따로 예장했다고 생각한다.

정부인 **청송심씨**(민안부 부인) 묘소 전경. 왼쪽 비석은 1994년에 여흥 민씨 후손들이 세운 것이고, 오른쪽 비석은 1780년에 그 이전 것을 대체한(改立) 묘표이다.
경남 산청군 생초면 대포리 산 22-1번지. 🔖 2021.7.30

대포서원에서 우측으로 보이는 봉화산. 이 산자락에 민안부의 貞夫人 靑松沈氏 묘소가 있다. 합문지후 심연은 남매를 두었는바, 아들 沈龍과 민안부와 혼인한 따님 '貞夫人 靑松沈氏'이다.

심룡은 청송심씨 3대조로, 아들 청성백 심덕부의 공로로 '청화부원군'에 추증되었으며, 묘소는 경기도 안성시 당왕동에 있다.

2021.7.30

봉화산(527m) 자락. 이곳에서 조금 올라가면 '큰 할매'로 불리는 민안부의 정부인 '청송심씨묘소'가 있다.

1780년에 다시 세운 **청송심씨 묘표의 음기**. 아마 1400년경을 전후해 묘소를 만들 때 세웠던 것이, 400여 년이 흐르면서 마모되자 다시 세운 것으로 보인다. 2021.7.30

심씨 묘표. 〈숭정기원후 3주갑 경자년〉에 다시 세웠다고 한다. 1780년, 정조 4년의 일이다. 원래의 비석이 400여 년이 지나면서 마모되어 1780년에 다시 새긴 것으로 보인다.

⊙ <'현명한 부인賢夫人' - 청송심씨 묘표>

심씨 묘표 일부

정부인貞夫人 청송심씨는 (…) 부인이 명가名家에 태어나 언행이 남달랐으며, 효순孝順의 행동은 어려서부터 칭찬을 받았다. 민안부와 혼인한 이후에는 부인으로서 마땅히 해야 할 도리婦道를 다했으며, 말과 행동과 거지에 법도가 있으니 당시 사람들이 <현명한 부인賢夫人>이라고 칭송해 마지않았다.

민안부 선생이 유업儒業을 이룩하고 벼슬에 나아감에 있어 내조內助의 힘이 많았다고 전해온다. 선생이 휘諱는 안부安富(…)59)

농은 민안부의 부인 청송심씨는, 명가에서 태어나 효순孝順의 행동으로 어려서부터 칭찬을 받았다고 한다. 이는 합문지후 심연 집안의 가풍을 짐작케 하는 대목이다.

그리고 민안부와 혼인한 이후에는

---

59) ▶ 필자 소장 사진, 〈貞夫人靑松沈氏墓表〉
   ▶ 임종욱, 2016『은둔을 택한 고귀한 충혼- 농은 민안부』, 보고사, 200쪽

심씨 묘표 일부

부인으로서의 도리를 다하고, 그가 유학자로서 본분을 다할 수 있도록 내조하였다는 것이다. 가히 민씨 가문에서 청송 심씨의 역할이 컸음을 알려주는 것이다. 그리하여 당대인들이 이 '큰 할매' 청송 심씨를 현명한 부인이라는 뜻의 '현부인 賢夫人'이라고 칭송하였다는 기록이다.

이 묘표를 통해 합문지후 심연의 가풍을 짐작할 수 있는 한 가닥 실마리를 얻었으니, 바로 전형적인 유학자 가문이었다고 하겠다.

8. '현부인賢夫人 청송심씨' 아들 민수閔綏

민수는 동복현감을 제수받았으나 부친 민안부의 유훈에 따라 출사를 거부했다. 그리고 민안부의 행적을 추숭하며 일생을 영위했는바, 망경대 아래에서 공부했다는 기록도 있다. 민수의 시 〈지감知感〉은 부친 민안부의 〈술회述懷〉와 유사하다.

대포서원에 걸려 있는 설천 민수의 시
〈지감知感〉

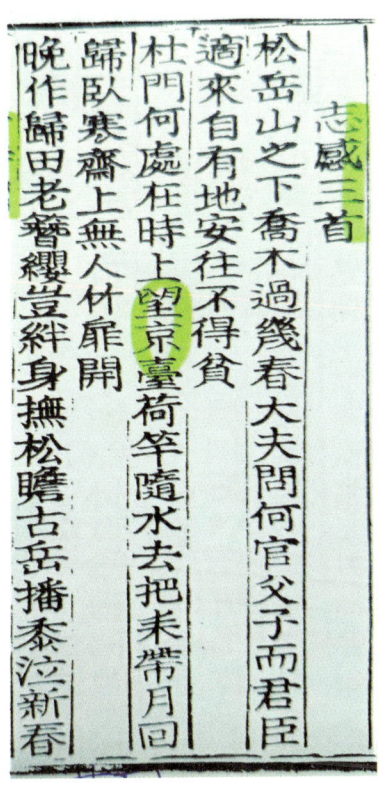

閔綏 詩〈知感〉『農隱先生實紀』
(閔百閽 編)

<지감知感>

1. 송악산 아래 서 있는
   높은 나무는 몇 번이나 봄을 지냈는가?
   대부는 무슨 벼슬을 했느냐고 묻는다면
   부자의 은혜와 군신의 의리뿐이라 하리
   마침 와 보고 스스로 살 곳이 있으니
   어디를 간들 가난을 얻지 않으랴?

2. 두문동이 어디에 있는가?
   때때로 망경대에 오른다
   낚싯대 메고 물 따라 가기도 하고
   쟁기 지고 달빛 따라 돌아오네
   돌아와 찬 방에 누웠으니
   아무도 찾아오는 이 없구나

3. 만년에 밭을 가는 늙은이가 되어
   관직에 어찌 얽매이랴
   소나무 어루만지며 옛적 개성을 보노라니
   기장 씨 뿌리면서 새봄에 눈시울 적시노라

9. 합문지후 심연沈淵의 5대손이며 세종대왕의 처조카인 병조참의 심린沈潾, 산청현감이 되어 환아정換鵝亭을 세우다

※ 이 장은 합문지후 심연과 직접 관련은 없으나, 그의 후손으로 산청현감을 지낸 심린의 유적을 특별히 서술하여, 청송 심문과 산청과의 인연을 부각하려고 한다.

1) 심린(1433~1490)의 산청현감 보임과 환아정換鵝亭의 건립

'환아정換鵝亭'은 "글씨를 거위와 바꾸다"라는 뜻이다. 왕우군王右軍(王羲之)의 고사를 이용하여 정자 이름을 지었다.[60]

심린沈潾이 산청현감으로 재직한 것은 1461년 전후[61]이므로, 산청의 상징적 건물인 환아정의 건립 연대는 1460년 전후로 볼 수 있다.

---

60) 왕희지의 '난정서' 참고. 蘭亭 – 중국 절강성 회계현(會稽縣) 산음(山陰) 지방에 있는 정자. 동진 때 왕희지 등 명사들이 그곳에서 모임을 갖고 놀았다.
61) 『世祖實錄』 7년(1461) 4월 11일. "사헌부에서 아뢰기를 '경상도 산음현감 沈潾이 소송을 당한 사건에 대해 감찰 현석규를 보내 추핵하소서'(…)"

환아정은 산청현감(병조참의공) 沈潾이 건립했다. 임진왜란 시 소실되었고, 權淳이 중수하고 李觀夏가 다시 고쳤으며, 李誠哲이 중수했다. 1950년 3월 10일 불에 타 없어졌다.

현재 산청초등학교 자리가 산음현 객사였고, **현감 심린**이 환아정을 객사 서쪽에 건립했다.

환아정은 아래로 흐르는 경호강과 주위의 풍광이 잘 어우러져 웅장하고 화려한 누각으로 평판이 자자했다. 1950년 소실되었고 근래 복원하였다.

2) 환아정 모습

환아정 조감도
산청문화원, 2006, 『換鵝亭誌』 '화보'

안효공 심온의 장손 병조참의 심린이 산청현감으로 있을 때 처음 건축한 환아정換鵝亭. 첫 건물은 정묘호란 때 불타고 이 건물은 여러 번 개수한 것이다. 이마저 1950년대에 소실되고 현재는 없다.
사진 출처: 2003년 산청문화원 발행, 『山淸樓亭誌』 28쪽

▶ 換鵝亭全景(1941. 3. 20 撮影)

▶ 換鵝亭의 韓石峯 글씨懸板(1942. 3 撮影)

산청문화원, 2006, 『換鵝亭誌』 '화보'

『여지도輿地圖』(1787년경) - 산음현山陰縣. 객사 왼쪽의 '환아정'은 참의공 심린沈潾이 현감 시절에 지었다.
국립중앙도서관 - 2021.6.10

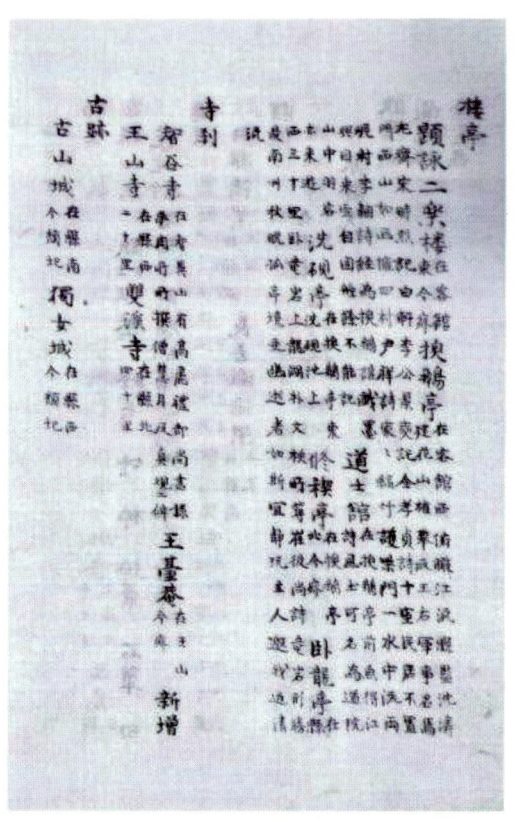

1774년경에 간행된 『산청현읍지』의 환아정.
현감 심린이 건축했다.

김정호金正浩-『청구도靑邱圖』(1834년)의 산청현 山淸縣. 환아정이 보인다.
국립중앙도서관 - 2021.6.10

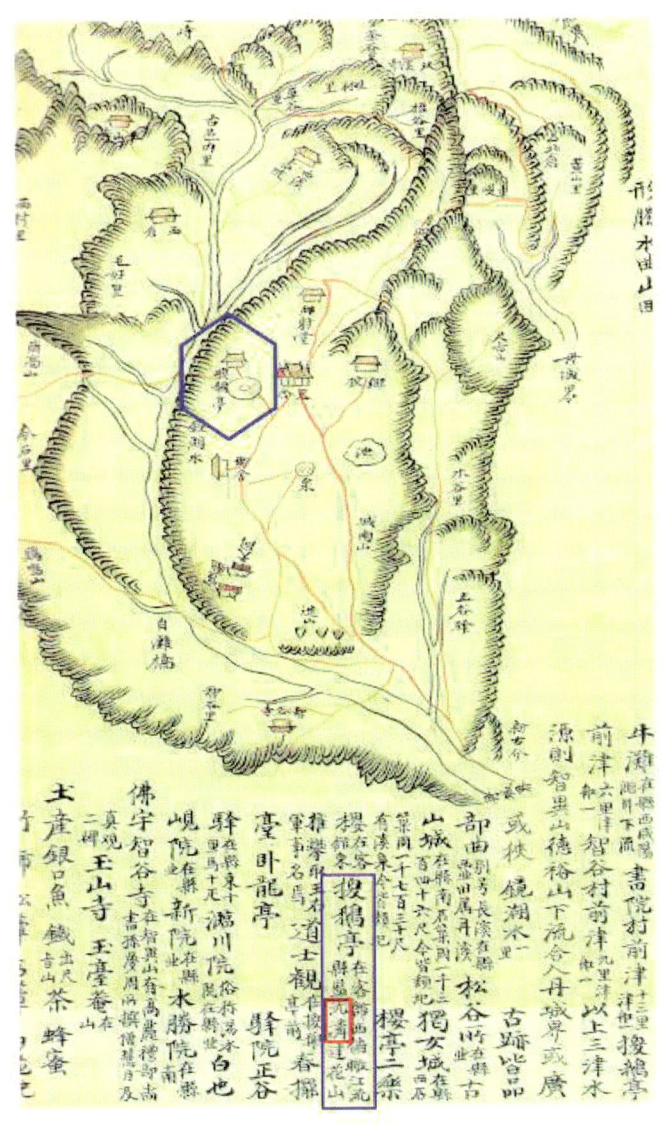

『해동지도海東地圖』(1750년경)의 환아정. 심린이 건립했다고 기록돼 있다.

3) 환아정 그림과 찬양 시詩

김윤겸이 그린 영남기행첩에서 환아정 전경을 볼 수 있다. 김윤겸(1711~1775)은 김창업金昌業의 서자로, 진주 동쪽의 소촌역召村驛 찰방을 지냈다. 그의『영남명승기행사경첩嶺南名勝紀行寫景帖』(동아대학교박물관 소장)에 환아정이 잘 묘사돼 있다.

金允謙(1711~1775), 換鵝亭

산청 환아정 재현사업 조감도(자료=산청군)

- 환아정을 노래한 조선 중기 오건吳健의 시

신선이 놀 때 요지瑤池만을 고집하랴
이곳 환아정 경치 그만 못하랴
한 가락 피리 소리 봄날은 저무는데
강물 가득한 밝은 달, 외로이 뜬 배에 실렸네.62)

위 시를 쓴 오건吳健(1521~1574)은 함양 오씨로, 11세에 부친상을 당했으나 효성으로 소문이 났으며, 모친상 때에는 더욱 예의에 힘써 1549년(명종 4) 예조의 포

---

62) 花落春將盡 / 江淸月復明 / 孤舟一樽酒 / 相契百年情

상을 받았다. 1558년 식년 문과에 병과로 급제하였다. 1567년 승정원주서가 된 뒤, 1571년(선조 4) 이조좌랑으로 있으면서 춘추관기사관을 겸해 『명종실록』의 편찬에 참여하였다.

1572년 이조정랑으로 있다가 관직을 버리고 경상도 산음 덕계리德溪里로 낙향하였다. 여러 차례 조정에서 불렀으나 모두 거절하고 서사書史를 섭렵하면서 시작詩作과 강론으로 여생을 마쳤다.

문인들이 '덕계선생德溪先生'이라 불렀으며, 산천의 서계서원西溪書院에 제향되었다. 저서로는 『덕계문집』·『정묘일기丁卯日記』 등이 있다.63)

- 114대 산청현감(1788~1789) 沈普賢64)의 시

산음의 옛 고을 곡강曲江가에 있으니
진晉나라 많은 현인 성세盛世를 추상한다
이제야 찾아와 환아정換鵝亭에 앉았으니
나를 일러 羲之라 불러도 무방하리65)

---

63) 정중환 집필, 1997, 〈吳健〉 『한국민족문화대백과사전』
64) 沈普賢: 청송심씨 악은공 후손으로 추정된다. 악은공 제2자 현령공 – 현령공의 제4자인 학생공 沈世基 派인 듯하다. 청송심씨 인터넷 족보에는 '沈普賢'이 1명뿐이며, 현감을 지냈다는 기록이 없다.
65) 山陰古縣曲江湄 / 晉代群賢憶盛時 / 今到換鵝亭上坐 / 妨呼我

- 산청의 명물 환아정은 진주의 촉석루, 밀양의 영남루와 함께 영남 3대 누각이다.

4) 심린은 누구인가?

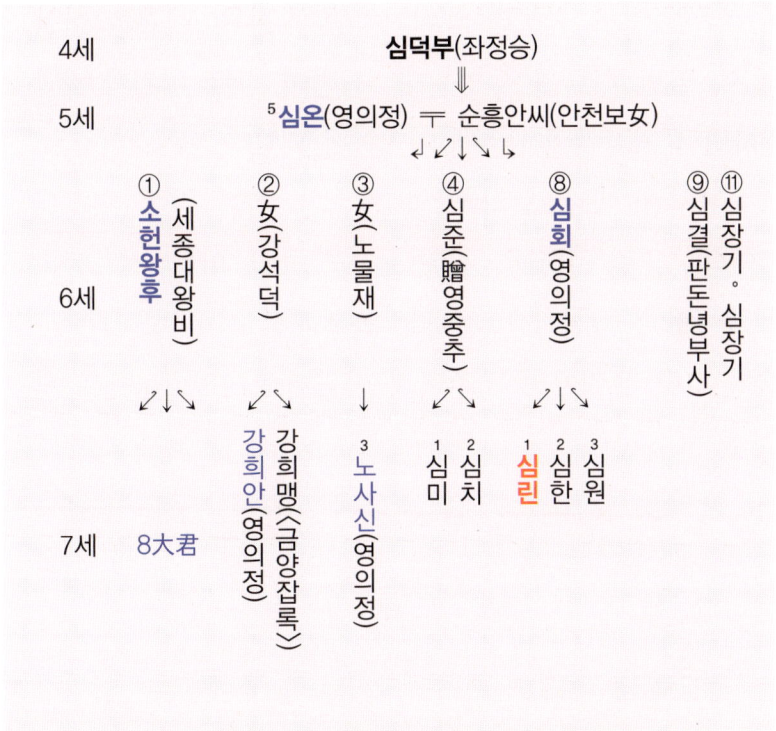

- 심린은 세종대왕의 장인인 안효공 심온의 장손자이다.
- 심린의 묘소는 의정부에 있었으나, 파주에 있는 그의 할아버지 공숙공 영의정 심회의 묘소 아래 모셔졌다.

字義之

5) 훗날 병조참의를 지낸 심린, 단성丹城의 처가에 정착하다

"청송심씨가 처음 단성현에 이거한 시기는 15세기 경이었다. 入鄕祖 沈潾은 都山面 員山村에 살던 李詰의 딸과 혼인하면서 단성현에 이거하였다. (…) 이길은 아들이 없이 딸만 하나를 두었는데, 심린이 바로 이길의 딸과 혼인하면서 처가인 원산촌에 이거하게 되었다."66)

이처럼 이길李詰의 딸과 재혼한 것이 단성 정착의 계기였다. 그럼 어떻게 심린이 단성까지 와서 정착했을까? 아마도 산청현감을 지내는 과정에서 이미 상처喪妻한 심린이 그곳 유력자인 청주이씨 이길과 인연이 닿았을 것으로 본다.

참의공 심린의 후배위인 청주 이씨는 청송 심문과 혼인한 뒤, 영중추공 심준沈濬 가문의 융성에 크게 기여하였다.

참의공의 후부인 청주 이씨의 할아버지는, 영의정을 지낸 이거이李居易(1348~1412)이다. 이거이는 왕자의 난 이후 태종이 집권한 이후부터 출세했다. 왕자의 난 직

---

66) 김경란, 2013 〈조선후기 新興勢力의 향촌기반 구축과정에 대한 연구 – 慶尙道 丹城縣 靑松沈氏 사례 –〉『史叢』 78, 고려대학교, 8쪽

후에 책봉된 정사공신定社功臣에 올랐으며, 또한 태종이 즉위한 직후에는 좌명공신佐命功臣에 책봉되었다. 이거이는 조선 왕조의 왕실과 밀접한 관련을 맺고 있었다.

따라서 후배위인 이씨 부인은 왕실의 인척인 청송 심씨와 인연이 닿아 참의공 심린沈潾과 혼인했다고 추론된다.

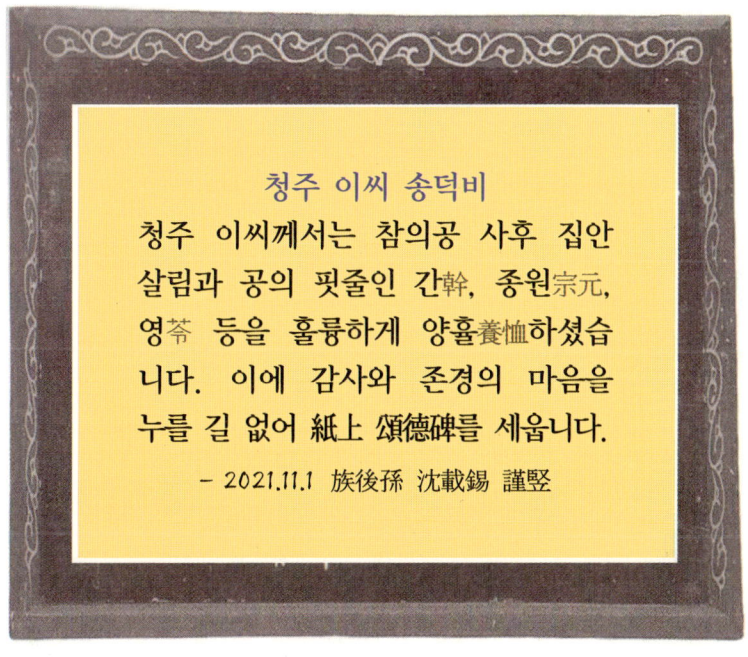

16세기와 17세기에 단성에 정착한 청송심씨 중 대표적인 인물은 심린의 5세손 심령沈笭과 7세손 심진沈䄄이

다. 심령은 단성에 유배된 것을 계기로 그의 아우 심순沈 荀과 단성현에 정착하였다.67)

　　18~19세기에 청송심씨는 "단성현 내 유력성관, 특히 특정한 몇몇 성관과의 중첩된 혼인을 통해 재지사족과의 연대를 강화"68)했다. 단성의 유력한 성씨인 안동 권씨 등과 통혼이 가능했던 이유는 "심씨가 중앙정계와 연결된 가문"이었고, "영의정을 지낸 심지원 沈之源의 손자인 심정신沈廷紳이 단성현에 유배된 것을 계기로 정착한 것", 그리고 앞서 본 심진沈縝의 손자인 "심함沈涵과 심준沈浚이 생진과에 합격"하면서 가문의 권위가 높아졌기 때문이었다.69)

---

67) 김경란, 2013 〈조선후기 新興勢力의 향촌기반 구축과정에 대한 연구 - 慶尙道 丹城縣 靑松沈氏 사례 -〉『史叢』78, 고려대학교, 9쪽
68) 김경란, 2013 〈조선후기 新興勢力의 향촌기반 구축과정에 대한 연구 - 慶尙道 丹城縣 靑松沈氏 사례 -〉『史叢』78, 고려대학교, 22쪽
69) 김경란, 2013 〈조선후기 新興勢力의 향촌기반 구축과정에 대한 연구 - 慶尙道 丹城縣 靑松沈氏 사례 -〉『史叢』78, 고려대학교, 22~23쪽

6) 심린의 묘소

파주시 월롱면으로 이장하기 전의 참의공 심린 묘
(경기도 의정부시 자일동).

심린沈潾의 묘소 전경. 파주시 월롱면 도내리, 공숙공 심회 묘하. 산청현감을 역임한 심린은 훗날 병조참의가 되었다. 세 분이 합장되어 있다. 2021.8.2

숙부인 **청주이씨 묘갈** 앞면. 풍화작용으로 크게 닳았지만, 정성을 다해 비석을 만든 느낌을 받는다.
2021.8.2

숙부인 청주이씨 묘갈 뒷면 2021.8.2

7) 심린의 행장

　　심린은 음직陰職으로 통정대부通政大夫 병조참의兵曹參議를 역임하신 (…) 夫人은 경주이씨慶州李氏인데 (…) 후부인后夫人은 李氏인데 청주망족淸州望族으로 이신바 증조의 휘는 거이居易요
　　(…) 고(考:父)의 휘는 길佶이며, 종친부전첨사록사宗親府典籤使錄事이시며 (…) 后夫人은 병조참의兵曹參議 휘 린潾의 계실繼室이 되어 32年 간을 금슬琴瑟좋게 동거同居하시다가 홍치 경술弘治 庚戌년에 참의공參議公이 후부인보다 먼저 서거逝去하셨는데 이때 후부인께서 초상初喪을 치르시되 예禮를 다하시고 제손諸孫을 무애撫愛 하시기를 친소생親所生 같이 하셨다.
　　나의 아버지이신 進士公 휘 간幹은 참의공參議公의 長孫으로서 강보襁褓에 싸여 자라셨으며 甲子년에 휘 간幹이 그 아버지보다 먼저 별세하시니 후부인 이씨께서 슬픔이 지나쳐 피눈물이 나고 기절氣絕했다가 소생蘇生하였다. 나 종원宗元도 출생 3日 만에 어머니가 별세하셨는데 그때도 후부인이 나를 불쌍히 여기시고 몸에 품고 기르셨으며 나의 아들 영荂도 또한 후부인의 양휼養恤을 받았는데 이 아이가 문호門戶를 회복回復하여 빛낼 것이라 하더니 일찍 文科에 及第하여 지금 사간원 정언司諫院正言이 되었으니 그 선견지명先見之明이 이와 같도다.
　　후부인은 천성天性이 정직하고 과감하여 행동이 예법禮法을 따르시고 시집오셔서 선대제례先代祭禮를

지성으로 받들고 家道가 숙정肅正하니 척족戚族이 화목하며 경사經史에 능통能通하시었다. 또 서사書史도 해석할 수 있었으며 성현聖賢의 본받을 法과 자손을 위하는 규범規範 그리고 자인효예慈仁孝禮가 한결같이 성의誠意에서 나왔기로 듣는 자가 모두 칭찬하였다.

정덕 신사(正德 辛巳:1521)년 8月 初2日에 질환疾患으로 별세하니 향년이 87歲요, 무후無后하니 애통哀痛하도다.

손 통훈대부 行 평구도찰방 심종원沈宗元이 삼가 씀.70)

---

70) 〈7세조통정대부병조참의공휘린(潾)행장〉

10. 합천 두산정 건립과 안분사 제향

1377년 9월, 심연 부부의 묘소가 천하명당이라는 함열로 천장되자 경상도 지역의 심문 후손들은 전라도 함열까지 매번 참배하러 가기에는 거리상 어려움이 컸다.

오래도록 선조에 대한 추모의 정을 금할 길 없던 경남 지역 후손들은, 교통이 편리하여 모이기에 적합한 장소인 합천군 삼가면 두모리에 '두산정杜山亭'을 1916년에 건립하였다. 이곳에서나마 2세조에 대한 추모의 정을 나누고, 1976년에는 '안분사安分祠'도 건축하여 매년 제향을 올리고 있다.

1) 두산정杜山亭

두산정杜山亭. 심연을 추모하는 경상도 지역 청송심씨 후손들이 모이는 곳으로, 옆에 '안분사'를 세워 제향을 올린다.
2021.7.30

두산정 편액 2021.7.30

두산정 도로명 주소 2021.7.30

두 산 정
(杜山亭)

경상남도 문화재자료 제375호

두산정은 고려말 합문지후공(閤門祗侯公), 산청현감(山淸縣監)을 지낸 청송 심씨 2대조인 심연(沈淵)의 업적을 기리기 위해 세운 건물로, 심연은 여말선초의 어지러운 정치상황을 피해 산청에서 은둔생활을 하다가 고려말(1377년)에 현지에서 여생을 마감한 분이다.

두산정은 정면 6칸, 측면 2칸의 규모이며 전면에만 툇간을 둔 형식으로 현재 실은 가운데 4칸중 좌측 2칸에는 방을, 우측 2칸에는 대청을 들이고 좌, 우측 1칸씩에는 각각 전면에 내루를 갖는 방으로 배열되어 있다.

전면의 반칸은 모두 툇마루로 구성하여 안쪽에 있는 마루와 연결되도록 하였는데 내루에는 평난간을 설치하였다. 우측방은 툇마루로만 내루를 꾸몄지만 좌측방은 방을 뒤쪽으로 들여 마루를 넓혔다. 또한 대청부분을 제외한 방의 배면쪽으로는 모두 벽장을 시설하였고 마루는 모두 우물마루로 구성하였다. 기단과 초석은 모두 자연석을 그대로 썼고 기둥은 전면에만 원기둥을 세웠다. 나머지 기둥은 모두 각기둥이다.

대청의 정면에도 문을 달았으므로 정면에서 볼 때 칸의 전체에 문이 시설되어 있다. 가구는 3량구조로 툇간에 건 보와 연결한 대들보 위에 사다리꼴의 두꺼운 널판으로 만든 대공을 세워 종도리를 받게 한 형식이며 홑처마에 합각지붕형 30/07/2021

두산정 안내판 2021.7.30

두산정 내의 편액 **화수당**花樹堂. 花樹는 친족끼리 화목한 모임을 묘사한 말이다. 당唐나라 때의 명문가였던 위씨韋氏들이 화수회花樹會를 결성하고 화수 아래에서 친족을 모아 놓고 술을 마시며 친목을 다진 데서 비롯되었다. 2021.7.30

의두문倚斗門. 두산정 출입문 위에 걸린 현판이 〈의두문〉이다. 倚斗는 훌륭한 인물이나 임금을 斗에 비유하여 거기에 의지한다는 뜻이다. 2021.7.30

2) 두산정 주련 柱聯

두산정 건물의 기둥에 합문지후 심연의 〈안분음〉을 유려한 행초서로 써서 걸었다.

1. 평생의 성벽은 살림살이에 관심이 적어
平生性僻少營爲

2. 한결같이 하늘의 처분에 맡겨 두었네
　　一任天公處分宜

3. 고사리가 산에 가득하니
   따로 남새밭 가꿀 것 없고
   薇蕨滿山寧學圃

4. 등나무가 집을 둘렀으니 자연히 울타리가 되었네
　　藤蘿繞屋自成籬

5. 바람은 약속하지 않았으나 때때로 불어오고
風無宿約時時到

6. 달도 기약한 바 없었건만 저녁마다 나를 따르네
月不相期夜夜隨

7. 다른 사람은 속세의 일을 전하지 마오
外客休傳塵世事

8. 북창 아래 한가로이 누워 헌원씨와 복희씨를 꿈꾸노라

北窓高臥夢皇羲

심연의 시 〈안분음〉에 대한 평가는 『청기세고靑己世稿』의 서문에 응축되어 있다.

　　이 시는 은절隱節로 보자면 은절이 되고 학문으로 보자면 학문이 되니, 포함하고 있는 의미가 매우 넓어 본디 천만 자손을 열어젖힌 기업이 된다. 그렇다면 문헌록에 실린 여러 공들은 저마다 대조 지후공의 일면적인 면모를 얻어 사업으로 행하거나 문장으로 발휘하여 한 분 한 분 각각 걸출하게 된 분들이다.
　　삼백 편의 《시경》을 '사무사思無邪'라는 한마디 말로 표현할 수 있다면, 나는 또한 〈안분음〉이라는 한 편의 시를 이 세고世稿의 개권 제일의開卷第一義로 삼는다.71)

---

71) 李晩熹, 〈靑己世稿 跋〉[沈誠之編, 1899 『靑己世稿』]

3) <두산정 중건기>(심동섭 찬)

두산정(좌)과 안분사(우) 🏛 2021.7.30

<杜山亭 重建記>

- 진주향교 전교 沈東燮 지음
- 김해 許洸永 근서

    우리 靑松沈氏는 東方의 大姓으로 수많은 宰相을 輩出하여 三韓甲族이라는 稱頌을 받아왔다. 高麗 忠肅王 때 閤門祗候를 지내신 沈淵 公은 文林郎 衛尉寺丞을 지내신 우리 靑松沈氏의 始祖 沈洪孚의 아드님이시다.

〈두산정기〉를 지은 **심동섭** 대종회 부회장.
🅟 2021.7.30. 산청군 의회 의장실에서 필자, **심재화** 의장 등 일가들과 함께.

公은 後에 山陰縣監으로 出補하시어 善政으로 알려져 內職으로 陞差되셨으나 赴任치 않고 石杳村 紫烟洞에서 名利를 超脫하시어 安分吟을 읊으시고 林泉에서 悠悠自適하시던 道學君子셨다. 居處하시던 집 뒤의 山에 臺를 쌓고 가끔 올라 北쪽 開京을 向하여 나라의 安寧과 戀君之情으로 望拜하였으니 後人이 이를 **望京臺**라 하였다. 公의 墓所가 山陰에 있었으나 1377年 丁巳에 公의 손자 德符 元符 兄弟분이 益山의 咸悅 南堂山으로 遷葬하시었다.

五百餘年의 歲月이 흘러 慶南 地域 後孫들이 公의 杖屨遺蹟之地에 寓慕할 집도 하나 없다고 恨歎하다가, 드디어 慶南의 十餘 小宗中이 1916年 丙辰에 花樹契를 組織하고 精誠을 모아 陜川 三嘉 斗毛里에 杜山亭을 建立하고, 1934년 甲戌에 山淸 石杳村에 遺墟碑를, 1976年 丙辰에 三嘉 斗毛里에 安分祠를 세워 追遠報本의 誠意를 드러내며 오늘에 이르고 있다.

또 江山이 十餘回 바뀜에 古屋이 頹落하여 그동안 漏水로 數次 補修하였으나 勘當치 못하고 무너질 形便에 이르렀다. 이에 慶南 地域 宗人들이 여러 차례 모여서 論議하였으나 엄청난 補修費를 充當할 수 없어 괴로워하던 중, 2002년 壬午에 後孫 義祚 丈이 陜川郡守에 當選되었고 그 뒤 再選의 榮光까지 안았다.

平素 崇祖敦族 精神이 透徹한 義祚 丈은 郡守로 在任中 盡力하여 杜山亭을 2005년 乙酉에 慶尙南道 文化財로 指定 登錄케 하였으며 總工事費 三億원을 들여 全面的으로 補修하였고 狹小하던 祠宇 安分祠도 全面 改築 擴張하고 垣墻과 附帶施設도 堅固히 設置하였다.

아! 義祚 丈이 아니었던들 先祖들이 이룩해 놓은 追遠報本의 場이 자칫 사라질 危機에 처했던 것을 天地神明이 義祚 丈을 陜川郡守로 보내 重建케 한 것이다. 이에 힘을 얻은 後孫들은 靑松沈氏 宗報를 通해 祭需費 募金運動을 펼친 결과 大宗會를 비롯한 全國 宗人들의 뜨거운 精誠으로 조촐하게나마 祭享을 이어가게 되었고 大宗會에서도 所定의 祭需費를 每年 支援키로 하였으니 實로 祖上을 섬기는 精誠이 하늘을 感動시켰다고 할 만하다.

이에 花樹契를 杜山亭保存會로 하고 重建事實을 記錄하여 남길 것을 不肖에게 請하니, 不肖가 不文으로 勘當할 수 없는 일이나 事實을 누구보다 昭詳히 알고 있기에 감히 辭讓치 못하고 大略을 記錄하여 後世의 考覽에 一助가 되게 하고자 한다.

2011년 辛卯 3月 3日
後孫 成均館 典儀, 晉州鄕校 典校 東燮 謹撰

두산정 내부에 걸려있는 **두산정 중건기**. 대종회 부회장인 심동섭 沈東燮 진주향교 전교典校의 글을 허광영許洸永이 썼다.
2021.7.30

4) 안분사安分祠

안분사安分祠 2021.7.30

안분사 내의 '안분실安分室' 현판 2021.7.30

5) 두산정 보존의 노력 정비

〈두산정 중건기〉에 언급됐듯이 심의조 합천군수의 기여가 컸다. 그리고 모든 일을 주도하고 추진한 심동섭 대종회 부회장의 노고를 잊을 수 없다.

심동섭 대종회 부회장
사진: 저서 《落落長松 푸른 節介》에서

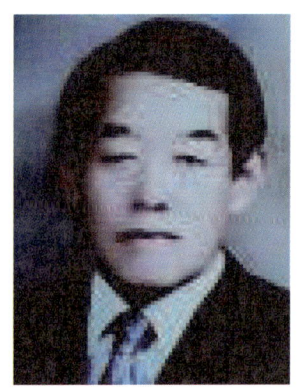

심의조 합천군수(36
~37대)
사진: 합천군청 홈페이지

합천군수 심의조 공적비 - ①
경상대 허권수許捲洙 교수가 지었다. 2021.7.30

심의조 공적비 - ②

심의조 공적비 - ③

심의조 공적비 - ④

3장
심연 부부 묘소의 함열咸悅 천장과 묘역의 수호

1. 1377년, 합문지후공 심연沈淵 부부 묘소의
   '산청 ⇨ 함열' 천장과 남당산南堂山 ········ 177
2. 심연 묘소의 실전失傳과 다시 찾음尋復 ····· 193
3. 죽계공 일가 계보도 ································ 233
4. 심연 묘소의 봉축과 수고한 인물들 ········ 235
5. 상석床石과 묘갈墓碣의 변동 ···················· 263
6. 최근 함열 묘역의 관리 ··························· 280

1. 1377년, 합문지후공 심연沈淵 부부 묘소의 '산청 ⇨ 함열' 천장과 남당산南堂山

1) 함열읍咸悅邑[72]

함열읍咸悅邑은 비옥하고 광활한 농경지를 보유한 평야지대로서 신라시대 함열현咸悅縣에 속했으며 조선시대에는 안열현(安悅縣-龍安과 咸悅의 합병)으로, 1895년 함열현으로, 1914년 행정구역 개편과 함께 함열면으로 개칭되었다가 1979년 5월 1일 현재의 함열읍으로 승격되었고 1995년 5월 10일 도농통합都農統合에 의거 익산시 함열읍으로 오늘에 이르고 있다.

① 남당리南堂里

1914년 행정구역 개편에 따라 조왕리助旺里, 신흥리新興里와 동이면東二面에 속했던 상정리上亭里의 전지역과 동삼면東三面의 가산리加山里, 중정리中亭里, 동신리東新里 및 용안군 남면南面에 속했던 안대동安大洞의 일부로

---

72) 익산문화원 홈페이지(http://iksan.kccf.or.kr)의 〈역사와 문화 → 지명〉에서 발췌함

구성되었으며 남당산의 이름을 따서 남당리라 하였다.

② 흘산리屹山里

1914년 행정구역 개편 때 상흘리上屹里, 하흘리下屹里의 전 지역과 학선동鶴仙洞, 가산리加山里, 여산군 서삼면西三面의 한기리閑機里와 중리中里의 각 일부로써 구성되었다.

◇ 멀메 : 멀메와 한문자 이름인 흘산과는 상관성이 없다. 그런데 흘산에 가까운 낭산면 용기리 '흙산'도 한자로는 '흘산'으로 썼으니 '흙산→흘산'으로 변한 것 같다.

2) 고려 말 풍수사상의 유행과 청송심씨

함열 남당산은 "금 거북이가 연못에 들어가 있는 형국"이라고 한다. 이른바 '금귀몰니金龜沒泥'의 형국인 것이다. 그리고 예전에 땅의 지번地番을 한자로 표기할 때에는, 남당산 지번이 〈연淵〉 자字여서 묘한 느낌을 주었다고 한다.

신라 말에 도선국사道詵國師에 의해 도입된 풍수風水는 고려를 거쳐 조선에서 극성을 이루고, 지금도 활성화되어 있는 생활 철학적 자연지리관이라고 할 수 있다.

"풍수風水란 자연과 인간의 합일合一을 바탕으로,

삶의 조건에 적합한 자연환경을 선택하고자 하는 지혜의 산물이다. 풍수에 적합한 장소는 장풍藏風과 득수得水의 조건이 잘 조화된 곳이다. (…) 풍수의 주체는 땅이다. 그 땅이 인간이 살기에 적합한지 아닌지를 판단할 수 있는 가장 좋은 도구가 바람과 물의 조건인 것이다. 그러므로 풍수라고 할 때에는 이미 땅이 전제되어 있다. 따라서 풍수는 풍수지리風水地理인 것이다. 결국 풍수이론은 바람·물·땅의 3요소로 이루어진다."[73]

청송 심문 역시 조선시대는 물론 지금도 이 풍수를 무시하지 않고 생활에 적극 이용하고 있음을 본다. 고려 말에 경상도 산청에서 전라도 함열로 합문지후 심연 부부의 묘소를 옮긴 청송심씨는 조상에 대한 숭모의 정신이 어느 가문보다 강하다고 하겠다.

3) 함열 남당산南堂山 풍수

그러면 합문지후 심연이 안장된 전라도 함열咸悅의 남당산(50.8m)은 어떤 곳인가?

남당산은 전라북도 익산시 함열읍 남당리와 홀산리의 경계에 있는 산으로 높이는 50.8m이다. 북쪽으로 함

---

[73] 김기덕, 2002 〈개경의 풍수〉 『고려의 황도 개경』, 창작과 비평사, 16~17쪽

열과 낭산을 잇는 국도 724호 함낭로가 지나가고, 관음사라는 사찰이 있다.

다음은 『중부일보』에 보도된 남당산 심연 묘에 대한 풍수 전문가의 글이다.[74]

출처:
http://www.joongboo.com/news/articleView.html?idxno=1349967

이곳은 익산의 주산인 미륵산(429.6m)에서 함라산(240.4m)까지 이어지는 평지 맥에서 비롯된다. 두 산 사이는 약 12km 정도가 평야지대다. 산이라고 해야 고작 50~60m 정도의 야산뿐이다. 중간에 매봉산(30m)이 있는데 여기서 북쪽으로 갈라져 나

---

[74] http://www.joongboo.com/news/articleView.html?idxno=1349967

온 맥이 흑산(53.6m), 돌산(68.6m), 용왕산(65.9m)을 거쳐 심연 묘의 현무봉인 남당산(50.8m)을 세웠다.

해발은 낮지만 평야지대 야산은 들판의 기가 모여 있는 곳이다. 그러므로 야산자락에 맺은 혈은 큰 산 못지않은 기세가 있다. 중요한 것은 현무에서 묘까지 이어진 입수룡의 변화가 얼마나 활발한가에 달려 있다. 손룡巽龍으로 내려온 맥은 갈 지之자 모양으로 변화하며 진좌술향辰坐戌向으로 혈을 맺었다. 즉 현무인 남당산은 동남쪽에 있고 묘는 서북향이란 뜻이다.

매봉산부터는 동쪽으로 부곡천, 서쪽으로는 함열천이 흘러 산북천에서 합쳐진 후 금강으로 흘러간다. 묘 앞으로는 작은 물길이 가로질러 함열천으로 흐른다. 물의 흐름은 평야답게 느릿느릿하다.

묘 앞의 들판은 평탄하여 안정감을 준다. 야트막한 구릉의 청룡백호는 이곳을 감싸고 있으며, 들판 건너 안산은 낮지만 반듯하다. 평지 명당은 바로 이곳을 두고 하는 말이다. 대혈이 분명하다.[75]

그리고 "물길은 좌선수로 계축癸丑으로 나가고 있다. 향向은 손좌건향巽坐乾向으로 보인다"[76]

---

[75] 정경연, 2019.05.08 〈익산 청송심씨 2세조 심연 묘, 경상도서 전라도까지 '공들인 명당잡기'〉『중부일보』[정경연의 풍수기행]
[76] https://yacho2040.tistory.com/392. [야초의 역사문화유적 답사] 2021.11.2 〈청송심씨 2세조 심연 묘〉

<심연 부부 묘소 배치도>

흘산
↓
남당산
↓
묘소[진좌]
↓
술향

출처 : httpsyacho2040.tistory.com392

4) 남당산이 명당임을 알려준 가정稼亭 이곡李穀 (1298~1351) 선생과 심덕부·심원부 형제의 조부모 이장

고려말의 대학자였던 이곡은 한산 이씨韓山李氏이다. 한산은 충남 서천군 한산면으로, 심연의 묘소가 있는 함열과 가까운 지역이다.

청화부원군 심룡沈龍이 심덕부를 이곡에게 맡겨 공부시키던 중, 자주 한산에 왕래한 것으로 전한다. 이 과정에서 이곡이 심룡에게 함열 남당산이 최대의 명당임을 알렸고, 심룡은 즉시 집안 가산을 정리하여 그곳에 있던 강릉 김씨의 땅을 구입한 것으로 심씨 문중에 구전口傳되고 있다.

청송심씨 3세조인 심룡沈龍은 아들 심덕부를 이곡 李穀에게 유학시켰기 때문에 심덕부는 이곡의 아들 이색李 穡과 동년 수학한 사이였다고 한다. 그리고 둘째 아들 심 원부沈元符는 고려 말의 최고 정객政客이자 대학자였던 익 재 이제현李齊賢에게 배우게 하였다고 한다.

이런 사정으로 인해 한산韓山에 머물던 이곡과 왕 래하던 심룡이 이곡 선생으로부터 함열의 명당을 소개받 고 결국 두 아들에게 "조부(합문지후 심연)의 묘소를 적 당한 시기에 함열로 이장할 것"을 유언했던 것이다. 왜구

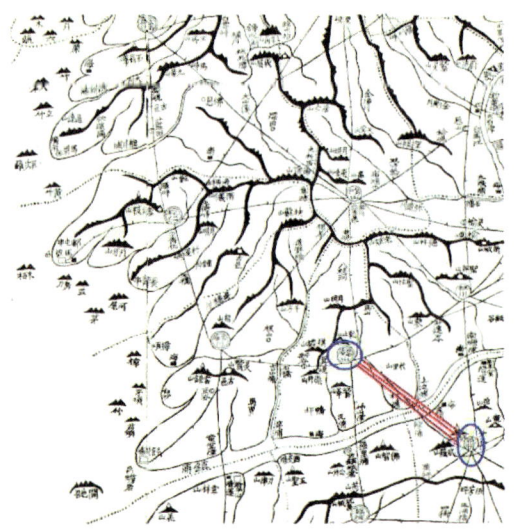

『大東輿地圖』에 보이는 한산~함열간 거리. 심룡은 한산의 이곡 선생에게 아들 심덕부를 맡겨 공부시키면서, 함열의 명당 터 '남당산' 을 알게 되었다.

토벌로 한창 이름이 드높던 심덕부와 고위직에 있던 심원부 형제는 1377년 9월 드디어 산청에서 조부모 묘소를 함열로 예장하였다.

당대 왜구 토벌 등으로 위명偉名을 날리던 청성백 심덕부가 심혈을 기울여 봉행하는 천장 행렬이었으니 광경은 장대했을 것이다. 그 천장 경로에 관인官人과 백성들이 천 리에 걸쳐 지켜봤다는 심씨 문중의 전언傳言이 있다.

두 형제는 조부인 합문지후閤門祗侯 심연沈淵의 묘소를 경상도 산청山淸에서 전라도 함열咸悅의 명당으로 이장하는 데 일심으로 정성을 기울였다. 조선 초기인데도 음택풍수陰宅風水가 큰 영향을 미치고 있음을 엿볼 수 있다.

<청송심씨 1~3세조 생몰년 추정표>

* 1세대 당 20년 차로 보고 평균 수명을 60세로 가정함

1세	1268←〈심홍부〉→1330	
2세	1287←〈이제현〉→1367	이제현과 심연은 친밀한 관계였음
	1288←〈심 연〉→1350	
3세		1308←〈심룡〉→1368
4세		1328←〈심덕부〉→1401

위 표에 의하면 심연의 묘소를 천장한 1377년은, 심연이 별세한 지 27년 정도 지난 때였고, 조선이 건국(1392년)되기 40년 정도 전의 일이다.

5) 천장 이후 심연 묘소의 변동

경상도 산청에서 전라도 함열로 이장된 심연 부부의 묘소는 다음과 같은 변화를 겪었다.

경남 산청 안장 (1377년 以前) ⇨ 전라도 함열로 천장 (고려 말 1377년, 심덕부·심원부 형제에 의함) ⇨ 임란 무렵 함열 묘소 실전失傳 (주요 이유: 전란 +후손이 묘하에 거의 살지 않음)

⇨ 심규·심단·심중량 등이 찾음 (10년간 소송 등) ⇨ 봉분을 고쳐 쌓고, 비석과 상석 설치 (1715년/1720년) ⇨ 1914년, 비석이 훼손되어, 비문 내용을 그대로 다시 새김 (현 묘소의 비석)

⇨ 옛 비석은 영모재 경내로 이동 설치 ⇨

영모재 경내로 이동된 1715년의 비석

현재의 비석

3장 심연 부부 묘소의 함열咸悅 천장과 묘역의 수호

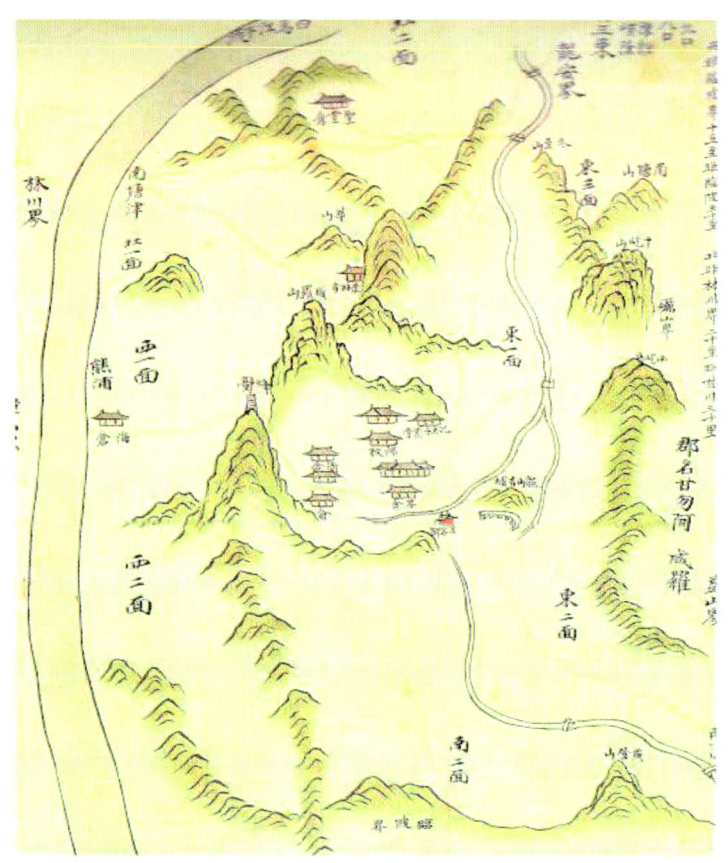

『海東地圖』(1750년대)의 咸悅縣. 우측 위로 흘산과 남당산이 보인다.

『輿地圖』(1787년경)의 함열咸悅. 우측 위로 흘산과 남당산이 보인다.

심연 묘산도墓山圖-『경신보庚申譜』(1920)

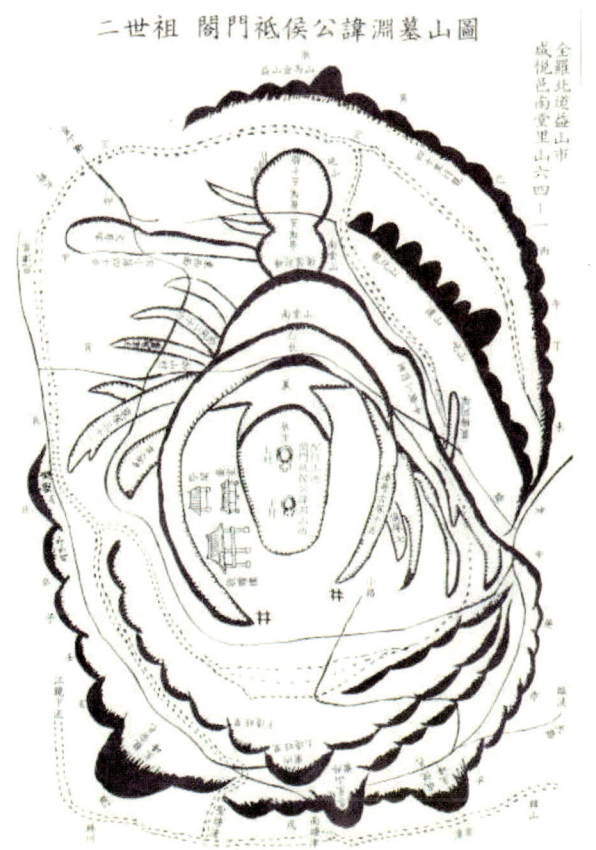

『무술보戊戌譜』(1958) 심연 묘산도

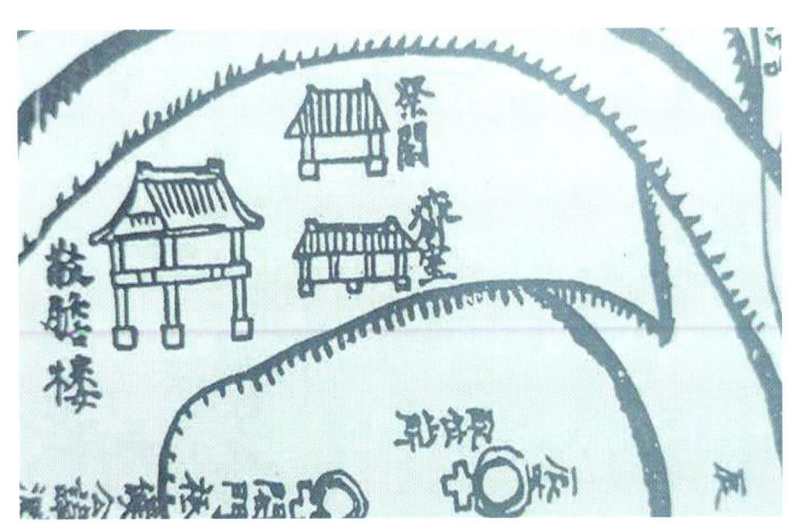

『무술보戊戌譜』(1958) 심연 묘산도
경첨루 · 재실 · 재각 부분 확대

2. 심연 묘소의 실전失傳과 다시 찾음尋復

1) 임진왜란과 지후공 묘소의 실전

　　한양에서 살다 지방으로 양반들이 이주하는 사례는 유배 간 지역에서 정착하는 경우가 있고, 임진왜란처럼 국난 시기에 거주지를 떠나 처가나 타 지역으로 옮겨가기도 하였다.

　　먹고 사는 것 자체가 힘들었던 전란기나 전염병이 도는 시기에는 족보나 선대先代의 유품이나 묘소를 보존할 여력이 없었다. 이에 따라 이리저리 떠돌다 선대 묘소를 잃어버리는 경우가 허다했으며, 족보나 가승을 분실하여 자기 선대 계보를 모르는 경우 역시 비일비재했던 것이다.

　　함열로 천장한 후 합문지후공의 묘소는 후손들이 향사를 잘 모셔왔으나, 임진왜란을 계기로 실전失傳한 것으로 보인다. 그 전에는 제향일에 서울을 비롯한 전국에서 후손들이 모였을 것이나, 7년 전쟁이 함열에도 큰 영향을 미쳐 근처에 사는 소수의 일가들이 흩어졌을 것이고 전란이 끝난 후 정신없이 생활하다 보니 심연의 묘소를 찾을 여력이 당장은 없었을 것이다.

임란 이후 조금 여유를 갖게 된 심씨 문중의 후손들은 합문지후의 묘소를 찾았으나, 그 위치를 아는 후손이 사라지고 없었다. 그리하여 여기저기 수소문하고 찾아보았으나 100년 정도 헛수고만 하였다. 남당산에 묘소가 있는 것을, '남당마을'이나 '남당촌'을 찾았던 모양이다.

결국 허탈해 하던 심씨 후손들은 1705년(을유년)에 이르러 모두가 깜짝 놀랄 희소식을 접한다. 지후공의 묘소가 함열 '남당산'에 있다는 것이다. 이런 계기를 마련한 후손은 죽계공 심규였다. 그는 이후 10년간 강릉 김씨와 산송山訟을 벌이고 결국 조상 묘를 되찾게 되었다. 죽계공 심규에 대한 심문의 추모와 존경은 앞으로도 쭉 이어질 것이다.

2) 증좌승지 심숙沈淑의 임피 정착과 후손들의 합문지후 묘소 수호

증좌승지공 심숙沈淑은, 안효공의 장자인 영중추공 심준沈濬의 후손으로서 병자호란 이후 강호를 유람하다가 호남 지역의 山水에 매료되어 군산(옥구)에 정착하였다.[77]

심숙의 조부 심업沈業은 양지현감陽智縣監을 지냈으

---

77) 심숙 묘표: 〈贈通政大夫左承旨行軍資主簿沈公淑之墓〉

므로 '청송심씨 양지공파'라 부른다. 심업의 묘소는 2006년에 수원에서 이곳으로 천장하였다.

양지공 심업의 묘소 🔴 2021.8.9

양지공파는 전북 군산시 나포면에 정착한 후, 심승섭 전 해군참모총장과 심보균 차관 등 국가의 동량이 다수 배출되었다.

이에 더하여 임란 무렵 실전失傳한 심연 묘소를 다시 찾는 심복尋復78)은 물론, 수호와 관리에도 양지공 후손들의 헌신적인 노력이 지대하였다. 묘역 관리에 깜짝 놀랄 만큼 엄청난 정성과 수고를 아끼지 않은 것이다.

---

78) 심연의 아들인 청송심씨 3세조 청화부원군 沈龍의 묘소도 실전하였다가, 1608년에 경기도 관찰사 沈悅이 찾았다. 3세조 묘소는 별다른 다툼이 없었다. 他姓이 투장을 하지 않았기에 묘소를 찾아내 정화 작업을 하고 비석을 세워 수호한 것이다.

3) 묘소를 찾은 죽계공 심규沈圭의 노력

죽계공 심규가 옥구 향시에 갔다가 강릉 김린을 만나 지후공 묘소의 위치를 알게 되었다. 심규는 즉시 임피의 문장門長인 심준원沈俊元 어른께 이 사실을 고하고 이후 한양의 심단沈檀 등 문중 어른들에게 알리게 되었다.

4) 묘소를 찾기 힘들었던 이유 - '남당'을 남당산이 아니라 '남당마을'로 잘못 알았기 때문이다

심연 묘소를 찾을 당시 양지공파의 門長이었던 심준원沈俊元 묘소. 전북 익산시 삼기면 간촌리 원간촌마을.
사진: 함열 남당산 前 유사 심상영 씨 제공

5) 자료: <묘산墓山을 찾은 사실>79)

함열咸悅의 산소山所는 중간에 실전失傳하여 이백여 년80)이 가깝도록 지나갔는데 같은 고을에 사는 김가성을 가진 향반鄕班이 투장偸葬한 때문이다.

경향京鄕의 자손들이 두루 찾아다녀도 찾지 못했는데 그것은 산소가 남당南堂에 있다는 것은 알았지만 남당이 '산山'이라는 것을 알지 못했기 때문이다. 다만 남당이란 촌村과 리里를 찾았기 때문에 오래도록 찾지 못한 것이다.

함열로 묘소가 옮겨진 뒤, 후손들이 제향을 봉향해 왔으나 임진왜란 무렵 묘소를 실전失傳하였다. 아마도 그 중요한 이유는 묘하에 자손들이 다수 거주하지 않았기 때문으로 보인다. 소수의 후손들이 봉사奉祀하다가, 전쟁 통에 후손들이 흩어지면서 묘소를 잃어버린 것이다.

그 실전 기간이 길어지면서 근처의 타성他姓들이 심연 묘소에 자신들의 조상 묘를 조성했고, 심문의 2세조는 영영 찾지 못할 상황이 되었다. 이에 전국의 심문 인사들이 묘역을 수소문하고 답사하면서 찾으려고 진력했으

---

79) 〈尋墓山事實〉: 咸悅山所中間失傳將近二百餘年而爲同邑金姓鄕班所偸葬也京鄕子孫遍尋而不得盖知山所之在南堂而不知南堂之有山也但求於南堂村里以此久未得焉.
80) 100년이라고 해야 맞다.

나, 허사였다. 그것은 묘소가 있는 '남당'이 '산山'인 것을 모르고 '남당리'나 '남당마을'로 잘못 알았기 때문이다. '남당산'을 찾지 않고 '남당마을'을 찾았으니 그 장소를 알 수 없어서 애만 태우고 있었던 것이다.81)

그러나 지성이면 감천이라. 전라도 임피에 살던 좌승지 심숙의 후손인 죽계공 심규沈圭가 옥구 향시에 갔다가 김린金璘이라는 사람을 만나 묘소의 소재를 알게 되었다. 죽계공은 급히 이 사실을 마을의 문장인 심준원沈俊元 어른께 알리고, 이후 한양의 심단沈檀을 비롯한 경향의 문중 인사들이 적극 개입하면서 모든 이들이 협력하여 2세조의 묘소를 찾았다. 10년의 재판을 통해서였다.

죽계공 심규는 2세조 심연 묘소의 위치를 알게 된 이후, 집안 형편이 지극히 어려움에도 불구하고, 생업을 팽개치고 경향의 심씨들에게 연락하고 재판을 진행하기를 10년 동안이나 했다. 그때 나이는 20대였다.82)

---

81) 〈묘산(墓山)을 찾은 사실〉: 함열(咸悅)의 산소(山所)는 중간에 실전(失傳)하여 200여년[100여 년이 옳다-필자 沈註]이 가깝도록 지나갔는데 같은 고을에 사는 김가성을 가진 향반(鄕班)이 투장(偸葬)한 때문이다. 경향(京鄕)의 자손들이 두루 찾아다녀도 찾지 못했는데 그것은 산소가 남당(南堂)에 있다는 것은 알았지만 남당이 '산(山)'이라는 것을 알지 못했기 때문이다. 다만 남당이라는 촌(村)과 리(里)를 찾았기 때문에 오래도록 찾지 못한 것이다.
82) 沈相薰, 〈咸悅南堂山墓閣序〉[영모재 현판 중 하나]

묘소를 찾는 과정에서 결정적인 단서는 심연의 지석誌石이었다. 홍수가 나거나 어떤 이유로 묘소가 파괴되었을 시, 그 주체를 알기 위해 무덤 안에 넣어두는 표식이 지석이다.

청송심씨 2세조
심연의 지석誌石
(상상도).
東谷 沈愚慶 書

1377년 심덕부·심원부 형제도 조부님의 지석을 정성껏 만들어 묻었던 것인데 강릉 김씨들이 그것을 연못에 던져 버렸던 것이다. 담양부사였던 심중량沈仲良은 그 연못을 매입한 뒤, 그곳의 물을 퍼내 버렸다. 그러자 심연의 지석이 나왔던 것이다. 지석을 추상하여 써보면 그 형태는 왼쪽과 같을 것이다.

심연 묘갈에 나오는 지석 내용을, 후손인 東谷 沈愚慶 선생이 썼다(2021.11.14). 지석 실물은 24cm×12cm이다.

심연의 지석은 이름과 묘의 위치 그리고 장례 날짜만 기록한 것으로 단순한 편이다. 그러나 고려시대의 지석이나 묘지명은 대체로 망자의 일생을 적는 게 일반적이었다. 심연의 지석이 좀 구체적이었다면 청송 심문의 역사를 풍부하게 했을 것이다.

'묘지명'이란 무엇인가? 박종기 교수의 설명은 이렇다.

묘지명墓誌銘은 한 인물이 숨진 뒤 망자의 이름과 나이, 가계와 행적, 가족 및 장지葬地 등을 돌에 새겨 무덤 속에 시신과 함께 매장한 것이다. 우리 역사에서 유일하게 고려 때에만 성행한 기록문화 유산의 하나다.

묘지명墓誌銘의 '지誌'는 기록한다는 뜻이고 '명銘'은 이름名이라는 뜻이다. 즉, 덕德과 공功이 있어 세상에 이름을 남길 만한 사람이 숨지면 후손들이 그의 기록을 후대에 전하기 위해 만든 것이 묘지명이다. 고려청자와 고려지·대장경이 고려 장인匠人들의 혼이 담긴 명품이라면, 묘지명은 인간의 아름다운 혼을 기록으로 남기려는 고려 기록문화의 정수다. 명품 반열에 올려도 부족하지 않다.83)

---

83) 박종기, 〈고려사의 재발견 명품열전〉 ④ 묘지명(墓誌銘)

5) <죽계공 심규 공적비>[84]

〈靑松沈氏宗報〉151호(2021.9.30)

---

[84] 필자는 2021년 대종회에 심규 선조의 공적을 기리자고 다음과 같은 건의를 하였다. 〈건의문〉: 심문의 2세조 묘소는 산청에 예장되었다가 1377년 청성백·악은공 형제분에 의해 함열로 천장되었습니다. 그 후 임란 등을 겪으며 失傳하여 전국의 후손들이 애타게 찾고 있던 중, 임피에 사는 죽계공 심규 선조님이 결정적인 단서를 찾고 또 10여 년의 소송을 거쳐 묘역을 재정비하였습니다. 이 사실을 후손들이 기리기 위해 늦었지만 공적비를 영모재 뜰에 세울 것을 건의합니다. 제가 임시로 작성한 공적비 내용을 첨부하면 다음과 같습니다. 일이 진행되어 10월 16일 추향 때 간단한 제막식을 하면 좋겠다고 생각합니다. -2021.7.1 심재석 올립니다. 감사합니다.
  ◆ 죽계공 심규(竹溪公 沈圭, 1684~1755) 공적비(시안)
  : 죽계공께서는 1705년, 청송심씨 2세조(휘 심연, 沈淵)의 묘소를 찾는 데 결정적인 단서를 찾고, 10년여에 걸친 산송(山訟, 묘지소송)을 감당하였기에 후손들이 존경의 뜻을 담아 이 공적비를 세웁니다. 2021.10.16. 청송심씨대종회 謹竪.

◎ 공적비

①　　　　　　　　　　②

③　　　　　　　　　　　④

합문지후 추향 후 **죽계공 심규 공적비 제막식**
2021.10.16

1987, 『靑松沈氏陽智公派世譜』의 沈圭 항목

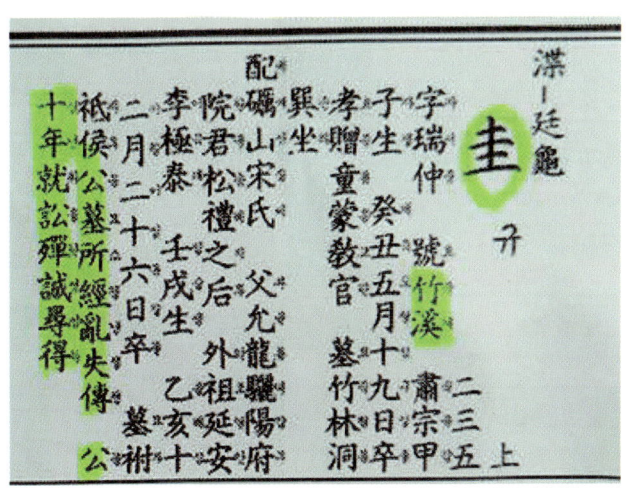

죽계공 심규 - 2002, 『庚辰譜』

심규는 합문지후 심연의 지석을 매복埋復 후 귀갓길에 김씨네 100여 명이 위협 폭언을 하자, 다음과 같이 맞섰다.

이제 내가 爲先을 하다 죽는다면 죽어도 한이 없으니 너희들 마음대로 하라.85)

죽계공은 묘소를 찾고 난 뒤, 그 감회를 다음처럼 읊었다.

〈闔門祗侯公墓尋復後有感〉86)

을유년乙酉年87) 玉山(옥구)의 시험장에서
선조님의 묘소가 南堂에 있다고 처음 들었네
변론한 지 10년 만에 묘소를 다시 찾았으니
춘추로 향을 올려 다시 제향을 모시리라

---

85) ▶ 沈相薰, 〈咸悅南堂山墓閣序〉[영모재 현판 중 하나]
　　▶ 沈載鎬, 1976 『青松報』 13호, 62쪽
86) ▶ 安孝公宗會, 2009 『山義室記』
　　▶ 沈啓澤, 1917 『青松沈氏世稿選』
87) 乙酉年은 1705년으로 숙종 31년이다. 이 해에 숙종 즉위 31주년 기념으로 增廣試가 시행되었다. 崔珍玉, 1993 『朝鮮時代 生員 進士 研究』, 韓國精神文化研究院 博士論文, 230쪽

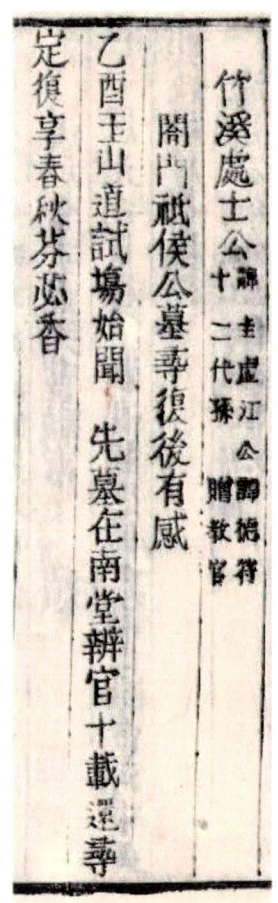

『靑松沈氏世稿選』의 죽계공시

죽계공 심규 묘소. 전북 군산시 나포면 부곡리. 맨 우측의 상석床石은 청송심씨대종회에서 1976년에 기증하였다(회장 沈聖澤).
㊞ 2021.8.9.

     묘소를 찾은 이후 죽계공은 평생을 묘역 관리에 힘썼으며, 그 자손들인 沈夏錫 ➡ 沈潤德 ➡ 沈順漢 등이 대를 이어 가며 산유사山有司를 맡아 수고하였다.[88]

---

88) [영모재 현판] 沈相薰, 〈咸悅 南堂山 墓閣序〉

청송심씨대종회에서 기증한 新상석 앞면. "합문지후공의 묘소를 다시 찾은 죽계공 심규의 묘閤門祗侯公墓所尋復竹溪公圭之墓"

新상석 뒷면. 1976년에 청송심씨 대종회에서 기증하였다.

죽계공의 舊상석 – 앞면

죽계공의 舊상석 – 뒷면

한편 1720년경 묘소를 다시 정비한 후 전라감영은

屹山은 소헌왕후의 조고祖考 墓山이 있는 곳이므로, 石物 작업으로 인한 피해를 각별히 금지89)

하라고 시달하였다.

우측 망주석은 상석床石과 함께 청송심씨대종회(회장 沈聖澤)에서 증정한 것이다(1976년).

---

89) 沈日澤, 1929 『靑松世稿』

죽계공 심규 선조를 기리는 **죽계정**竹溪亭. 전북 군산시 나포면 부곡리. 사진 좌측부터 '청송심씨 좌승지공파 임피종회' 심방섭 부회장, 심재량 고문, 필자, 심수영 회장 ⓘ 2021.8.9

죽계정의 편액 🏛 2021.8.9

    1713년 현재, 합문지후의 묘소를 찾기 위한 소송과 온갖 노력들이 진행되고 있을 때, 대동보인 『계사보癸巳譜』(1713년)가 만들어졌다. 이때 지후공의 묘소는 실전했기 때문에 '무전無傳'이라고 기재돼 있다.

    심문으로서는 뼈아픈 기록이다. 그 후 만들어진 1843년의 『계묘보癸卯譜』에서는 다음과 같이 심연의 묘소가 함열에 있다고 기재되었으니 대경사가 아닐 수 없다.

    죽계공 심규와 그 증손자 심태한沈台漢·심순한沈順漢은 효행이 지극하여 동몽교관童蒙教官에 증직되었다.

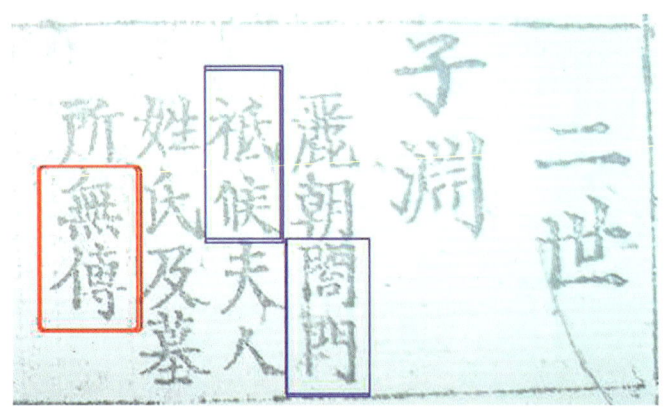

1713년 『계사보癸巳譜』. 묘소 '전하지 않는다(無傳)'고 기록돼 있다. 죽계공 심규·추우당 심단·청헌공 심택현·관찰사를 지낸 심중량 등의 노력으로 묘소를 다시 쌓은 것은 1715년이다.

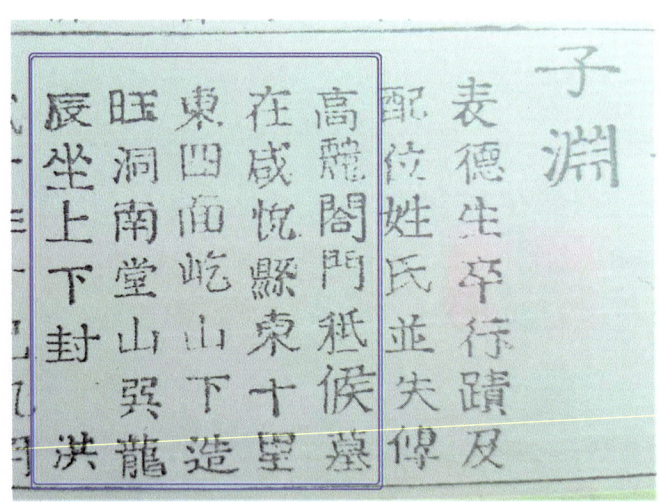

1843년 『계묘보癸卯譜』. 묘소의 위치가 함열 남당산南堂山으로 기재되었다.

6) 증좌승지공 심숙沈淑

증좌승지공은 청송심씨 안효공파 영중추공 계열의 군산시 나포면 입향조이다. 임진왜란을 계기로 낙향하여 정착하였다.

안효공의 장자인 영중추공의 후손으로서 양지공파는 전북 군산시 나포면에 정착한 후, 심보균 차관, 심승섭 전 해군참모총장 등 국가의 동량이 다수 배출되었다.

이에 더하여 2세조 묘역의 수호와 관리에도 양지공 후손들의 헌신적인 노력이 있었다.

일문삼효(1門3孝) 기적비.
죽계정 마당에 있음. 죽계공 심규沈圭와 그 증손자인 심태한沈台漢·심순한沈順漢의 효행을 기려 세운 비이다. 지제교 신응선申應善이 글을 짓고, 가석 심상윤이 글씨를 썼으며, 대제학 김성근金聲根이 전액篆額을 썼다.

좌승지공 심숙沈淑 재각 **경모재**. 전북 군산시 임피면 군익로 683-46
🖃 2021.8.9

경모재 편액. 좌승지공의 재실이다. 가석 심상윤 필

전라북도 군산시 입향조 증좌승지 심숙 묘소. 보기 드문 품(品)자형 묘소이다. 청송심씨 효창공파의 묘역에도 품자형 묘소가 있다.
🏛 2021.8.9

<증좌승지공 심숙 묘표 명銘>

谷有蘭　　골짝에 난초 있고
山有芝　　산에 지초 있다네
有美之人　미인이 있으니
於焉棲遲　어느덧 소요하노니
曾不求聞　일찍이 문달을 구하지 않아
人莫我知　사람들은 알아주지 않았네
我銘公實　내가 지은 명은 공변된 사실이니
俾以永垂　영원히 후대에 내려가게 하소

立石 6世孫 沈格魯, 沈潤義
　　　7世孫 沈震發

7) 심의형沈宜亨은 남당산 유사로, 38세에 순직했다.90) 효성이 지극하여 道와 郡에서 감사장을 받고 동몽교관에 추증되었다.

심의형 묘소 상석

심의형의 묘
사진, 남당산 심영석 유사 제공(2021.10.29)

---

90) 沈載鎬, 1976 〈南堂山現地輯錄後記〉『靑松報』 13호, 61쪽에는 심능철(沈能喆)로 기록돼 있으나, 오류이다(직계 후손들의 증언에 따랐다).

8) 함열 유사 심신택沈臣澤(1847~1928)

감역공 함열 향유사 심신택 묘소. 함열 남당산 유사로서 묘역 수호에 온갖 애를 썼다.

① 대동보 『경신보庚申譜』 발간에 기여

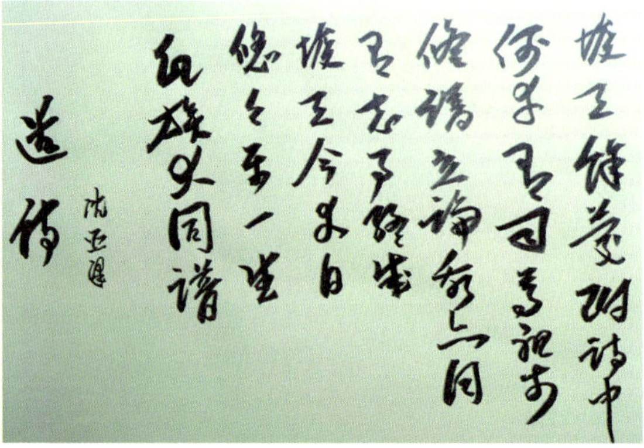

유시遺詩[91]

씨족의 대동보가
유유히 즐거움 속에 탄생하니
금일에 다행히 편찬을 마치니
뜻에 두었던 사업이 이루어졌도다
청송심씨 씨족이 동방에 널리 퍼져
족보 만들 것을 토론할 때 나 또한 동의했는데
다행히 유사가 되어 숭조의 뜻을 모으기에 힘썼는바
이제 일을 마치고 그 뜻을 공경스럽게 시詩 중에 표현함일세

---

91) 청송심씨 안효공파, 『山義實記』 續編 145쪽

② 함열 묘역의 관리 40년

감역공 심신택 묘소 상석 뒷면. 사위 강릉 김태경金台卿이 썼다.
: 公靑松人 字伯述 號艮菴 生父宜亨 憲宗丁未生 戊辰八月拾八日卒
 靑川府院君 諱溫十七代孫 承旨公 諱淑十代孫 監役諱宜昌子 咸悅
 南堂先祖祗侯公墓所 幹事四十年 享祀 建齋 改碑 添田 植松也
 殫誠看護 京鄕隋者族 咸稱偉望 配全州李東鶴女 生二子 長相朝 次
 相弼 相朝 東燮 相弼 生南燮 江陵金台卿

감역공 심신택 묘소 상석 뒷면 일부분. 40년간 함열유사를 보며, 재실을 짓고 지후공 묘갈을 고쳤으며, 전답을 보태고 소나무를 심었기에, 경향의 일가들이 칭찬했다는 기록이다.

③ 건재(建齋, 재각 건립) - 당시 재각이 부실하자 심신택이 서울에 올라가 심상익 경유사에게 재각 건립을 제안하여 실행되었다.

④ 개비(改碑, 비석을 고침) - 현재 묘소에 서 있는 묘갈이 1914년에 훼손되자, 다시 비문을 새긴 사실을 말한다.

1914년에 비석의 내용을 다시 새겼다는 사실을 적은 부분. 심상익 찬, 심신택 글씨이다.

⑤ 첨전(添田, 위토를 늘림) - 위토의 확장에 노력하였다.

⑥ 식송(植松, 소나무를 심음) - 묘역 주변에 소나무를 심고 잘 가꾸었다. 이 소나무가 재산이 되었고 재각 건립 등에 유용하게 쓰였다.

⑦ 함열 영모재에 걸려있는 심신택의 현판시 一

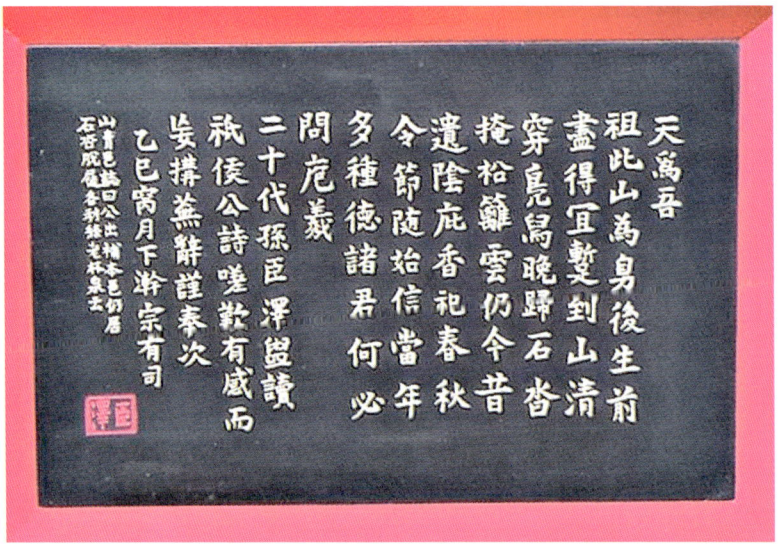

〈지후공의 安分吟을 次韻한 시〉(필자 재석이 임의로 붙인 제목임).
심신택 유사가 지후공을 공경하며 쓴 시이다. 2021.8.9

<지후공 시詩에 차운한 시>[92]

하늘이 우리 조상을 위해 이 산을 만드니
사후와 생전에 적절함을 모두 얻었네
잠시 山淸에 이르러, 지방관으로 있었으며
늘그막에 石畓에 돌아가 송라(松蘿, 산림)[93]로 가렸네
후손들을 예나 지금이나 음덕으로 보호하니
향사를 춘추로 절기 따라 지내네
비로소 당년에 덕 많이 쌓은 것을 믿겠으니
제군들은 어찌 포희庖羲[94]에게 물을 필요 있으리

20대손 신택이 손 씻고 지후공의 시를 읽고는 차탄(嗟歎, 감동하여 감탄)하여 망령되이 거친 시를 지어서 삼가 차운함.
　　을사년 병월(丙月, 삼월) 하순에 종유사.

『산청읍지』에 말하기를, "공이 본읍으로 보임하여, 석답에 거주하면서 명리를 벗어버리고 죽도록 산림에서 늙었다."고 하였다.

---

92) 필자 沈載錫이 임의로 붙인 제목이다.
93) 송라(松蘿): 곧 山林을 말한 것으로, 한적한 정경을 가리킨다.
94) 포희(庖羲): 복희씨(伏羲氏)로, 중국의 전설상의 임금인 삼황(三皇) 중의 한 사람이다. 처음으로 백성들에게 고기잡이, 사냥, 목축 등을 가르치고 팔괘(八卦)를 만들었다고 한다.

⑧ 함열 영모재에 걸려있는 심신택의 현판시 ㊁

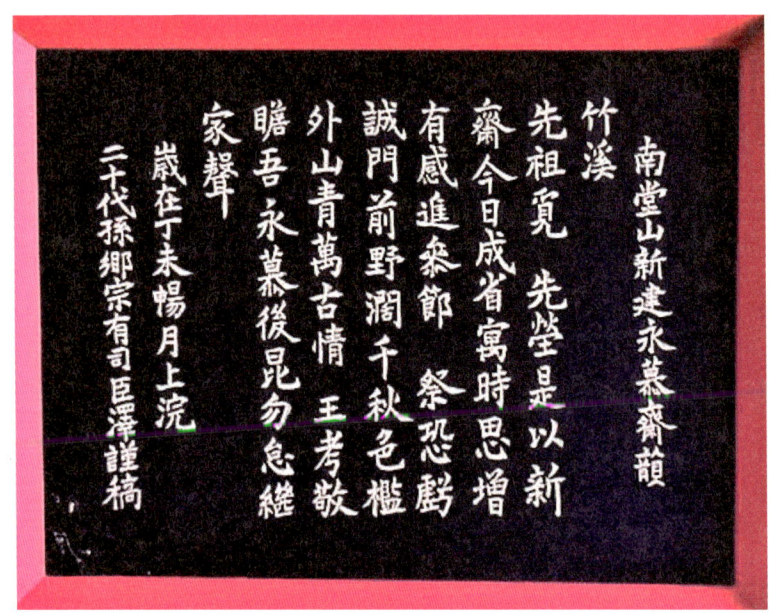

남당산 신건 영모재운. 영모재 현판 중에 이 〈신건 영모재〉와 관련한 심신택의 시이다. 죽계공의 위업을 내세운 뒤, 후손으로서 제향을 잘 지낼 것을 다짐하고 있다. 2021.8.9

<南堂山 新建永慕齋韻>

죽계 선조의 산소를 찾아보니
이로써 새 재실을 오늘 완성하였네
숙소 살피고 때때로 생각하니 감동이 더하고
節祀에 나아가 참여하니 정성이 모자랄까95) 두렵네
문 앞의 넓은 들은 천추의 색깔이요
난간 너머 푸른 산은 만고의 정이라네
지후공(王考96))을 경건히 우러러보며 내 영원히 사모하노니
후손들은 가문의 명성 잇기를 게을리 말라
　　　　　정미년 11월 상순
　　　　12대손 고을 종유사 신택이 삼가 지음

---

95) 휴(虧): 이지러지다(불쾌한 감정 따위로 얼굴이 일그러지다), 부족하다(不足--), 모자라다. 虧誠: 정성이 부족함
96) 왕고(王考): 돌아가신 할아버지

9) 독립운동가 심재순沈載洵(1899~1939)[97]

심재순 공적비-전북 군산시 임피면 부곡리

심재순 묘-대전현충원

---

97) 〈국가보훈처 홈페이지〉에서 이기함.

심재순은 임피보통학교 졸업 후 1925년 5월 부기학 연구 목적으로 일본 도쿄로 건너가 문선공으로 일하였다. 1928년 1월 일본 도쿄에서 김병우에게 신간회를 중심으로 역량을 모아 항일운동을 전개할 것을 독려하면서 항일투쟁을 전개하였다. 1930년 9월 부친의 사망을 계기로 옥구로 귀향하여 활동하다가 소위 치안유지법 위반으로 체포되어 1931년 8월 전주지방법원에서 징역 1년, 집행유예 4년을 받았다. 정부에서는 고인의 공훈을 기려 2005년에 대통령 표창을 추서하였다.

송원 선생은 조국이 일제에 병합된 암울한 시대에 오롯이 독립운동에 투신한 애국지사이다. 1918년 군산영명학교 2학년 재학 중 3·1 만세운동에 앞장서다가 군산경찰서 일경에 체포되어 온갖 고문 끝에 석방되었다. 이후 1925년 국권 회복의 역량을 키우기 위해 일본으로 건너가 동경의 동성인쇄소에 재직하면서 각종 도서와 출판물을 통하여 국제정세와 선진 문명의 식견을 넓히고 극일(克日) 의지를 실현하기 위하여 이상재 선생이 이끈 신간회에 가입하여 동지들을 규합하고 청년, 여성, 농민의 역량을 모아 조직적인 항일투쟁을 전개해 나가도록 하는 데 진력하였다.

1927년 소작민들에게 비밀리에 연락하여 악랄한

일본의 수탈에 맞서 〈옥구농민 항일항쟁〉 유발에 기여하였으며 1930년 체포되어 모진 고문의 후유증으로 거동이 불편한 몸을 이끌고 군산, 익산, 김제지역을 다니며 야학과 순회강연의 민중계몽활동을 실시하여 나라 사랑 정신과 자주독립의 의지를 고취해 나가는 데 심혈을 기울이다가 끝내 광복의 기쁨을 누리지 못하고 1939년 향년 41세에 영면했다.

    2005년 정부에서는 고인의 공훈을 기리어 독립유공자로 추서하고 대전 국립현충원 애국지사 제3묘역에 안장했다.

3. 죽계공 일가 계보도

1~4세	**심홍부** ⇒ ¹**심연** ⇒ **심룡** ⇒ ¹**심덕부**(정성백, 좌정승) — ²**심원부**(악은공, 전리판서) ⇩
5세	⁴**심징**(인수부음) —— ⁵**심온**(안효공, 영의정) ⇩ ↘ ↳
6세	¹**준**(영중추) — ²**회**(공숙공, 영의정) — ³**결**(정이공) ⇩
7세	¹**미**(동지중추) — ²**치**(한성판관) ⇩
8세	³**기**(淇, 용담현령) ⇩
9세	²**의검**(義儉, 의빈경력, 아들 岱의 호성공로로 영의정청송부원군에 증직됨) ⇩
10세	²**업**(業, 양지공, 水使公) ⇩
11세	**대유**(大有, 감찰공) ⇩
12세	¹**숙**(淑, 주부, 증좌승지) — ²**옥**(沃, 군자감부 주부) — ³**집**(潗, 주부) ↙ ↓ ↓
13세	¹**장명**(長鳴) — ²**장현**(長鉉)　²**장민**(長民) ↙ ↓ ↓
14세	¹**식**(湜) — ²**설**(渫)　³**식**(湜)　²**준원**(俊元, 심규가 지후공 묘소 알린 門長) ○ ‒‒‒‒‒▶ ↓ ↓
15세	**정귀**(廷龜)　**정귀**(廷龜) ◀‒‒‒‒‒ ○ ↓
16세	**규**(圭, 죽계공: 지후공 묘소 찾고, 수호에 절대공로, 효행으로 동몽교관 증직) ↓
17세	¹**하석**(夏錫) — ²**응석**(應錫) ↙
18세	¹**윤덕**(潤德) ※효행이 뛰어나 1門에 3孝子(규, 태한, 순한)가 출현했다. 〈죽계정〉에 건립된 '일문삼효비'가 그 증거이다. ↙

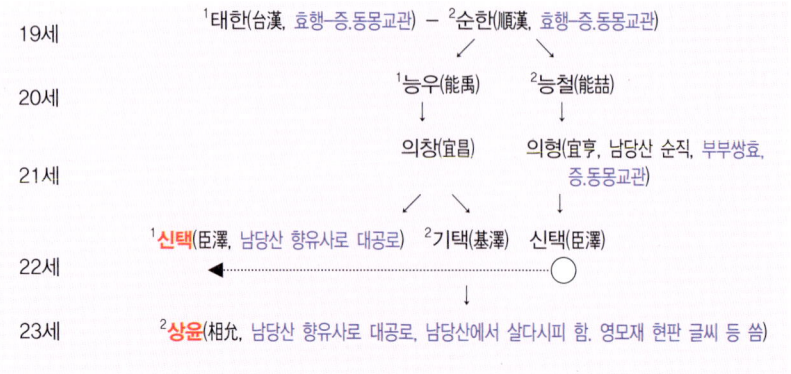

4. 심연 묘소의 봉축과 수고한 인물들

1) 합문지후공 심연 부부 <위안제慰安祭>

1715년, 청송 심문의 인사들은, 심연의 묘소를 봉축하면서 심단 등이 중심이 되어 위안제慰安祭를 거행했다.

김린과 그 일가 9명은 감옥에 가고 엄한 처벌을 받았다.98) 을미년(1715) 8월 15일에 여러 일가가 합의하여 개봉축을 하고 23일에 입석하였는데, 후손 심단沈檀이 경향의 여러 일가 50여 명과 더불어 위안제慰安祭를 행하고 장래의 제사 절차를 염려하자, 담양부사 심중량, 태안군수 심상윤, 경주부윤 심택현, 청풍부사 심정보, 외손 최상 등이 재력財力을 내놓았다.99)

---

98) 沈日澤, 1929 〈墓山事實〉『靑松世稿』, 23쪽 "乙未四月拯奉誌石於水中因金應三等九人遲晩服罪竝嚴刑"
99) 沈日澤, 1929 〈享祀守護之節〉『靑松世稿』, 23쪽

2) 묘소 보축 시 고유문

1720년에 다시 묘소를 보축하고 묘갈을 새로 세우면서 선조님 영전에 아뢴 글이다.

補築時 告由祭文 - 1720년 무렵 작성 제문
- 보축할 때 고유하는 제문100)

삼가 생각건대 문림랑공은 우리의 시조로 오직 덕을 쌓아 널리 베풀었도다. 공이 성실히 계승하여 근본을 굳건히 하고 전열前烈을 밝히어 후손에게 열어주었도다. 왕비가 나신 고을에서 다시 왕비가 탄생하사 도와주이시 교목세가喬木世家101) 되었도다. 항상 유업遺業을 떨어뜨릴까 염려하였으니 어찌 감히 근본을 잊었으리오.

세대가 변천되고 견문見聞이 없어지니 묘소가 실전되었도다. 제사를 지내지 못한 지 200년102)에 가승家乘이 없어졌으며 보첩譜牒에서도 증거 할 수 없으니 영혼靈魂이여 어디를 의지하시리오.

소나무와 가래나무가 주인을 잃었으니 훼손毀損하는 것 금禁할 수 없도다. 두려워서 조심하는 마음

---

100) 祭文(補築時告由): 恭惟文林寔我鼻祖惟德之積 (…) 幸而復續陳辭虔告哀慕采深再拜奠庶幾格歆
101) 교목세가(喬木世家): 여러 대를 중요한 지위에 있어서 나라와 운명을 같이한 집안
102) '100년'의 오기이다 - 필자 심재석 註.

으로 기다릴 사이 없이 급하게 찾기를 게을리하지 않았도다.

　　어두움이 오래되면 다시 밝아지듯 충심衷心을 여니 하늘이 도와서 함열咸悅의 동쪽에 공의 옛 무덤 찾았으나 슬프게도 다른 사람이 투장偸葬하였도다. 처음에는 스스로 말하였으나 끝내 숨기고 말았도다. 거짓으로 계통을 속이고 현혹眩惑함을 끌리지 않았도다. 무덤이 있는데 가제家制가 가히 없으리오. 생석牲石을 뽑아 보았으나 고실故實은 구명究明할 수 없도다. 그 진실을 알면 어찌 의혹이 없으리오.

　　드디어 관아官衙에 판결을 요청하였으나 8년이 되어도 끝나지 않았도다. 신인神人이 분통하게 여기고, 승려가 정성을 다하여 염탐함이 귀신같으니 유지幽誌가 무덤에서 나왔도다. 돌에 새긴 글씨 이지러지지 아니하여 백세百世까지 상고할 수 있도다. 쌓인 의심이 바야흐로 풀리니 소경이 눈을 뜨고 보는 것 같도다.

　　공의 영혼이 묵묵히 도와주심이 아니면 아득한 세월 지났는데 무슨 힘으로 찾아 보았으리오. 여러 대에 걸친 아픔이 오늘 풀렸도다. 밝고 어두운 것이 때가 있고 슬픈 일과 기쁜 일이 서로 엇갈렸도다.

　　투장한 사람들이 모두 형벌을 받으니 관아의 법이 공정하도다. 투총偸塚을 모두 파내니 쌓인 분통이 조금 풀렸도다. 영역塋域을 바라보니 거의 능멸凌滅을 당할 뻔하였도다. 거짓 비석을 몰래 세우고 흙을 새로 북돋았도다. 더럽고 욕됨이 이 지경에 이르렀으니 두려워하고 놀란들 무엇하리오.

저들이 불량하나 우리인들 어찌 책임이 없으리오. 이것을 두려워하며 속히 개축改築하려는데 졸속하면 조잡함을 면치 못할 것이오. 헤아림이 어긋나면 일을 끝내지 못할 것이며 허물과 뉘우침이 쌓이면 슬픔이 풀리지 않을 것이므로 이에 여러 일가의 의견을 모아 다시 가래와 삽으로 흙을 높이 쌓고 견고하게 하니 비석이 높이 솟아 크고 완전하며 반듯하고 정결하도다.

묘도墓道가 말끔히 닦아지고 가래나무가 빛을 더하였도다. 여기에 의지하여 편히 쉬소서. 이제부터는 만세가 되도록 잘 수호할 것이며 좋은 날 택하여 재계하고 변변치 못한 제물로 끊어셨던 제사를 다행히 다시 이어서 지내는데 제문을 지어 공손하고 깊이 사모하는 정성으로 재배再拜하오니 흠향歆饗하소서.

3) <합문지후 심연>의 묘갈

❶ 심연 묘갈—전면
비신 70cm × 175cm

❷ 심연 묘갈—좌측면
옆면 28cm

❸ 심연 묘갈–뒷면   ❹ 심연 묘갈–우측면. 비문 새로 새긴 내력

4) 2세조 합문지후공 휘연 묘갈103)

103) 〈二世祖 閤門祗侯公 諱淵 墓碣〉 於戱我靑松沈氏我東大姓鼻祖麗朝文林郎衛尉寺丞諱洪孚寔生公公諱淵官閤門祗侯公之生卒行蹟夫人姓貫皆無傳焉公墓實在湖南之咸悅縣而世寖遠莫知所在累世訪求不獲歲乙酉宗人圭遇礪山人金璘於高山相款甚話間璘曰子之先有官閤門祗侯乎圭曰然曰知墓所乎曰不知曰吾先墓在咸悅傍有古墓墓有碣石某官姓某諱某字某字畫甚明可認圭以告諸宗徃詰之璘父應三貳其辭盖應三自其先窃公墓地葬已數世璘特年稚不詳所諱脫口之言若天誘焉後孫夆判檀等乃辨于官村民有觀於金之葬者言應三穿古墓傍得一石如斗大相與窃議恐此石有後端秘藏之人不識其處至是璘黨尤堅諱且毀公墓碣無從可以鉤得不肖孫仲良適守潭州竭誠購問得遇睍知其事者璘黨果嘗得公誌投於水中矣遂卽告官以上之四十一年乙未春決水拯奉誌石石長八寸廣四寸許書三行中書閤門祗侯沈某之墓左書屹山下南堂山辰坐戌向右書洪武十年丁巳九月十二日葬字刻宛然無訛璘等遂輸情不敢隱遂悉移其冒葬者檀仲良向尹尙鼎與京外諸宗改封上下墓皆像馬鬣仍舊制而碣已毀不可得考姚位無徵不敢辨乃立碣間兩墓瘞舊誌於牲石底嗚呼公之墓兆不幸不傳於家乘灑掃之缺于今二百餘禩遂爲鄕人所侵占剗鈒夷毀殆不可識辨曾未有曼父之母之言秦之卜而乃能得隱情於逆旅造次之間發幽誌於泥沙沈沒之後若有陰相而冥藁之者此皆公積德累仁不泯於永世終使衣冠之藏而復顯理之不昧有如是者夫豈藐爾雲仍區區微誠所能致也嗚呼異哉公一男龍吏曹正郞正郞二男長德符左侍中封靑城伯入我朝勵勵不受次元符靑城七男曰仁鳳都摠制曰義龜判事曰繼年牧使曰澄府尹曰溫領議政靑川府院君曰淙靑原尉曰都摠制靑川誕生昭憲王后靑川之後靑陵府院君鋼誕生仁順王后靑陵之後靑恩府院君浩誕生端懿王后外派之母儀一國亦十三后溫生澮爲領議政自靑城連三世秉勻連源通源喜壽悅之源俱登第入相安義益顯爲都尉濬決光彦忠謙誼諮之溟曁我先君梓俱躋正卿澄璿岱銓義謙友勝演澤命世杙檀宅賢俱躋亞卿此外文學忠節之士銀緋臺省之官接武前後不可謁記義謙六世孫壽賢按湖西具牲石之源外孫湖南伯李塏與咸悅宰崔祥相役誠謹祥亦外裔也畧記事蹟顯之碑陰
十三世孫通政大夫守黃海道觀察使兼巡察使兵馬節度使仲良謹撰
十五世孫通訓大夫行兵曹正郞兼春秋館記注官垓書
崇禎後再庚子　月　日立我　肅宗大王四十六年

아! 우리 청송심씨는 우리 동방의 대성大姓이다. 비조鼻祖인 고려조의 문림랑위위시승文林郎衛尉寺丞 휘諱 홍부洪孚가 공을 낳으니 공의 휘는 연淵으로 슬이 합문지후를 지냈다. 공의 생졸生卒 행적行蹟과 부인의 성관姓貫이 모두 전하지 아니했다.

공의 묘는 실은 호남湖南의 함열현咸悅縣에 있었는데 세월이 오래되어 있는 곳을 알 수 없었다. 여러 대 동안 찾아다녔지만 찾을 수 없었다. 을유(乙酉:1705)년 종인宗人 규圭가 여산礪山 사람 김인金璘104)을 고산高山에서 만나 서로 매우 정이 깊었다.

이야기를 하는 사이에 인璘이 말하기를, "그대의 조상의 벼슬에 합문지후가 있는가?" 규圭가 말하기를 "그러하다." 다시 김인이 말하기를, "묘소墓所를 알고 있는가?" 심규가 말하기를 "알지 못한다." 김인이 말하기를,

"나의 선대의 묘소가 함열에 있는데 그 옆에 고묘古墓가 있고 묘에는 갈석礪石이 있어 벼슬이 무엇이며, 성은 무엇이며, 휘는 무엇이며, 자는 무엇이라고 쓴 자획이 매우 분명하므로 알아볼 수 있다."

심규沈圭가 모든 종친宗親에게 고하여 가서 찾아보니 김인璘의 아비 김응삼應三이 그 말을 다르게 했

---

104) 강릉김씨 시조는 金周元이다. 고려 金仁存, 조선 金時習과 영조 때 영의정 金尙喆이 주요 인물이다.

다. 대개 김응삼이 스스로 그 조상이 공의 묘소를 절취하여 이장한 지 이미 수세數世가 되었으나 인이 특히 나이 어려서 숨기는 일에 능하지 못해 입에서 잘못 나온 말인데 마치 하늘이 이끌어 준 것과 같았다.

후손인 참판參判으로 있는 심단檀105) 등이 관청에 알려서 조사하게 하였으니 촌민村民 가운데 김가의 장사 지내는 것을 본 사람이 있어 말하기를

"응삼應三이 고묘를 파자 그 옆에 있던 돌이 나왔는데 크기가 말馬만 하였다."

서로 더불어 가만히 상의하기를

"이 돌은 후단後端106)이 있을까 두려우니 비장秘藏107)하여서 사람들이 그곳을 알지 못하게 하자."

라고 하였다 하니 이때 와서 인의 무리가 더욱 굳게 숨기고 또한 공의 묘갈을 훼손하여 버려서 어디서도 찾을 수 없게 하였다.

불초손不肖孫 심중량仲良이 그때 담주군수潭州郡守로 있었는데 정성을 다해 구문購問108)하는 가운데 그 일을 간지間知109)한 사람을 만나서 들어보니 인

---

105) 안효공 신도비, 안성 순흥안씨 묘갈, 윤선도 신도비 등 작성
106) 후단(後端): 잘못을 저질러서 숨기려고 했는데, 그것을 밝힐 후일의 단서(端緖)
107) 비장: 비밀스럽게 감추어 둠.
108) 구문: 돈을 쓰면서 비밀을 캐고 다님.

의 무리가 과연 일찍이 공의 지석誌石을 찾아서 물 가운데 빠뜨린 사실을 알아냈다.

바로 관에 고하여 금상(숙종) 41년 을미(乙未: 1715)년 봄에 물을 따라내고 지석을 건져 모시니 돌의 길이는 팔촌8寸이요, 넓이는 사촌4寸쯤 되는데, 글씨가 세 줄로 쓰여 있었다. 중간에

합문지후 심모沈某의 묘

라 쓰여 있고, 좌측에

흘산屹山 아래 남당南堂으로 진좌 술향辰坐戌向이라

쓰여 있으며, 오른쪽에

홍무 십년(洪武十年:1377) 정사 구월 십이일丁巳 9月 12日 장사 지냈다.110)

고 쓰여 있어 자각字刻이 완연宛然하여 속일 수가 없었다.

김인璘이 드디어 사실을 자백하고 감히 숨기지 못했다. 이리하여 그 모장冒葬111)한 것을 옮기게 한

---

109) 간지: 남의 은밀한 일을 탐지하여 알아내는 일.
110) 필자(심재석)의 제안: 지석을 찾아서 박물관에 기증하는 등, 영구 보존할 필요가 있다. 도굴 당할 위험이 있기 때문이다.
111) 모장: 남의 묘에 몰래 매장함.

사람은 심단檀과 심중량仲良과 심상윤尙尹과 심상정尙鼎이다.

한양 밖에 있는 모든 종친과 더불어 상하의 묘를 개봉改封하고 모든 마렵馬鬣112)의 상像은 옛 그대로 하였으나, 묘갈명碣銘은 이미 훼손되어 찾을 수가 없어 고위考位와 비위妣位를 증명할 수 없었다.

하는 수 없이 묘갈을 두 묘 사이에 세우고 옛 지석을 생석牲石113) 밑에 묻어 두었다.

아! 공의 묘에 대한 사연이 불행하게도 가승家乘에 전해지지 아니해서 쇄소灑掃의 예를 빠뜨린 지 지금까지 200여 년이나 되었다.

드디어 마을 사람들에게 침점侵占114)되고, 잔착剗斵115)되고, 이훼夷毁116)되어 거의 식변識辨할 수 없게 되었으나 일찍이 아버지와 어머니의 말씀을 멀리 하지 아니하여 진짐秦酖117)의 점에 숨겨진 사실을 역려逆旅118)에서 밝혀냈다. 그리고 조차造次119)⑰ 사이에 유지幽誌120)가 진흙 속에 침몰된 뒤에 찾아낸 것을 음상陰相121)이 있어 가만히 인도해준 것과 같으니

---

112) 마렵(馬鬣): 마렵봉(馬鬣封). 말의 목덜미 같은 무덤의 형태.
113) 생석: 묘비.
114) 침점: 침탈과 점거. 즉, 빼앗김.
115) 잔착: 깎이고 갈림. 무너져서 형체도 잘 보이지 않음.
116) 이훼: 심하게 훼손됨.
117) 진짐: 남을 해치기 위해 감언이설로 속임.
118) 역려: 여관旅館, 客舍
119) 조차(造次): 별안간. 눈 깜작할 사이. 창졸간.
120) 유지: 숨겨진 비석.
121) 음상: 은밀한 도움.

이것은 모두 공의 적덕루인積德累仁함이 영원히 세상에서 없어지지 아니하고 마침내 의관衣冠이 장비藏閟122)된 곳에서 다시 나타나게 된 것이다.

이치의 밝음이 이와 같은 것이지 어찌 막연하게 자손들의 작은 정성으로 이루어진 것이라 하겠는가.

아! 기이하구나. 공의 외아들 용龍은 이조정랑吏曹正郞이었고, 정랑은 두 아들이 있는데 맏은 덕부德符로 좌시중左侍中을 지내고 청성백靑城伯에 봉해졌으며 아조我朝에 들어와서 공훈을 사양하고 받지 아니했고, 둘째는 원부元符다.

청성백에게는 아들이 일곱 명 있는데 인봉仁鳳은 도총제都摠制요, 의구義龜는 판사判事요, 계년繼年은 목사牧使요, 징澄은 부윤府尹이요, 온溫은 영의정 청천부원군領議政靑川府院君이요, 종淙은 청원위靑原尉요, 정泟은 동지총제同知摠制이다.

청천부원군은 소헌왕후昭憲王后를 탄생하였고, 청천의 후손에는 청릉부원군靑陵府院君 강綱이 인순왕후仁順王后를 탄생했으며, 청릉의 후손인 청은부원군靑恩府院君 호浩는 단의왕후端懿王后를 탄생하였다.

외파外派의 모의母儀123)도 일국에서 십삼후13后가 나왔다. 온溫은 회澮를 낳았는데 영의정이 되었고, 청성靑城으로부터 삼세를 이어서 병균秉勻124)하였다. 연원連源과 통원通源과 희수喜壽와 열悅과 지원之源은

---

122) 장비: 문 안에 감추어 놓듯 세상에 나타나지 아니한 일.
123) 모의: 국모
124) 병균: 정권을 잡음. 즉 정승이 됨.

모두 등제登第하여 입상入相했고, 안의安義와 익현益顯은 도위都尉가 되었으며 준濬과 결決, 광언光彦과 충겸忠謙과 집諿과 액詻과 지명之溟에서 나의 선군先君 재梓에 이르도록 모두 정경正卿125)을 지냈다.

　　징澄과 선璿과 대岱와 전銓, 의겸義謙과 우승友勝, 연演과 택澤, 명세命世와 평枰, 단檀과 택현宅賢은 모두 아경亞卿126)을 지냈다.

　　이밖에도 문학과 충절의 선비와 은비銀緋127)와 대성臺省의 관원이 앞뒤로 이어졌으므로 다 기록할 수가 없다.

　　심의겸의 6세손 심수현이 호서湖西의 안찰사按察使가 되어 생석牲石을 구비하였고, 지원之源의 외손인 호남백湖南伯 이집과 함열재咸悅宰 최상崔祥이 서로 역사에 정성을 다하였는데 최상도 또한 외손이다. 대략 사적事蹟을 기록하여 비음碑陰에 표시한다.

　　13세손 통정대부 황해도 관찰사 겸 순찰사 병마절도사로 중량仲良이 짓고,

　　15세손 통훈대부 병조정랑 겸 춘추관기주관 준埈이 썼다.

　　숭정후崇禎後 재경자再庚子에 세우니 즉, 우리 숙종대왕 46년(1720)이다.

---

125) 정경: 판서
126) 아경: 참판
127) 은비(銀緋): 은빛 비단. 고급관리의 옷. 즉 고관.

5) 묘소 다시 찾아 원상 복구한 심복尋復에 공로가 있는 분들

① 심규沈圭 - 앞서 서술함

② 심단沈檀(1645~1730)

㈠ 추우당 심단의 계보는 심덕부 → 심온 → 심준 → 심달원 → 심전 → 심우준 → 심서 → 심광면 → 심단이다.

㈡ 주요 연보[128)

서 기	나이	주 요 연 보
1645(인조23)	1	• 海南 白蓮에서 출생 ※ 외조부가 尹善道임. 3세 때 아버지(沈光洏)를 여의자 외조부 윤선도가 보살피고 가르침.
1673(현종 14)	29	• 문과 합격
1678(숙종 4)	34	• 수찬
1692(숙종 8)	48	• 대사간
1693(숙종 9)	49	• 藥峯 아래 집 짓고 현판을 추우追尤라 함 ※ 1693년 심유, 심벌 등과 함께 안성 3세조 청화부원군의 묘소에 비석 등 석물을 갖추어 드림. 실전했

		던 3세조 심룡 묘소는 1608년에 경기감사 심열이 찾은 바 있음 ※ 심단은 그 후 1715년 2세조 심연의 묘소를 찾는 데도 큰 힘을 썼음
1713(숙종 39)	69	• 知中樞府事
1715(숙종 41)	71	• 2세조 합문지후 심연 묘소 다시 찾아 봉축하는 데 기여
1725(영조 1)	81	• 판중추부사
1730(영조 6)	86	• 追尤堂에서 서거(5.27)

㈢ 심단이 외할아버지인 〈윤선도 신도비〉를 썼다.

㈣ 청송심씨 5세조 영의정 심회의 〈사당 이안기〉를 썼다.

---

128) 靑松沈氏大宗會, 2006 〈判中樞府事兼吏曹判書致仕奉朝賀諱檀墓誌銘竝序〉『靑松沈氏庚辰譜首卷續卷』, 443쪽

공숙공 사당 이안기[129]

　　우리 8대조 공숙공께서는 문종대왕의 외숙外叔으로써 벼슬길에 올라 요직을 거쳤고 세조조에 여러 번 벼슬을 옮겨 좌의정에 초배超拜되었고 조금 뒤 영의정領議政에 올랐다.
　　예종조에 이르러 익대공신翊戴功臣에 책록되었고 성종조에 또 좌리공신佐理功臣에 책록되었으며 청송부원군靑松府院君에 봉封해지고 궤장几杖을 하사받았으며 1493년에 졸卒하니 수壽가 76이고 시호諡號를 공숙恭肅이라 내렸다.
　　부조不祧의 은전이 나라에서 내려 종가宗家에서 대대로 제사를 받들어온 지 이백 년이 된 것은 조상의 은덕 아님이 없으나 지금 종손宗孫이 빈약貧弱하고 신주를 봉안奉安할 곳이 좁아서 편안하게 일을 할 수 없으니 이것은 오로지 종손의 책임만이 아니고 모든 우리 자손들의 허물이다.
　　슬프고 부끄러워서 고쳐 지으려고 생각하였더니 부사 중량仲良과 감사 수현壽賢이 서울과 지방의 여러 일가들에게 통문通文을 내어 돈을 모으고 힘을 합하여 새 사당을 종손의 옛집 뒤에 짓기로 하여 토목공사가 끝나고 단청丹靑이 완성完成됨에 곧 길일吉日을

---

129) 惟我八代祖考恭肅公以(…)顧以不肖後孫發諸財多安之議追慕怵惕之餘亦不勝欣幸之忱敢將一語仰贊先慶下以勗諸宗焉八代孫嘉義大夫同知中樞府事檀謹識

택하여 이안移安하니 때는 지금 임금의 40년 갑오 즉 숙종 40년(1714년) 9월 임인壬寅이다.

공숙공 별묘別廟. 사당 마루 오른쪽의 벽면에 심단沈檀이 쓴 〈공숙공사당이안기〉가 걸려 있다. 2021.5.12

공숙공 심회 별묘의 마루 우측에 걸린 〈사당이안기〉의 위치
2021.7.22

㈤ 청송심씨 2세조 심연 묘소를 찾는 데 큰 힘이 되었다.

㈥ 심단의 아들 심득경沈得經은 일찍 죽었다. 그 심득경의 초상화는 윤두서尹斗緖가 그렸는데, 마치 살아있는 듯한 모습이어서 가족들이 눈물 바다를 이뤘다고 한다. 심득경은 윤선도의 외증손자이고, 윤두서는 윤선도의 증손자이다.

심단의 아들 **심득경 초상화**.
윤두서가 그렸다.
보물 제1488호 160.3x87.7cm
윤두서가 그의 초상을 그리니
심득경 가족들이 이를 보고
산 사람이 돌아온 것 같아
모두 울었다고 전한다.

㊆ 1713년 《계사보》 편찬에 주요 역할을 하였다.

㊇ 심단 글씨

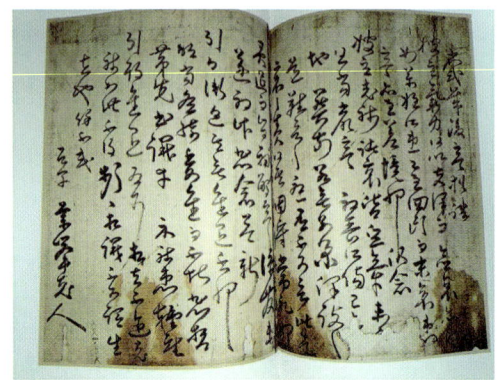

藥峯老人 沈檀 글씨. 오세창, 『槿墨』에서.

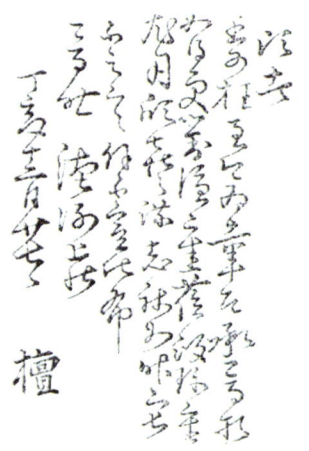

심단의 글씨

지난번 오신 것에 대해 지금까지 다행으로 생각합니다. 게다가 편지까지 받으니 마치 다시 만난 것과 같습니다. 편지에 의하면 정사에 임하는 모습이 진중하시다고 하니 더욱 반갑고 기쁩니다. 저는 老病이 어제와 같으니 다른 것은 족히 얘기할 것이 없습니다. 나머지는 다 말하지 못합니다. 삼가 살펴주십시오. 삼가 감사의 편지를 드립니다.
정해년 12월 27일.

③ 심중량 沈仲良(1658~1725)

심중량은 담양부사와 황해감사 등을 역임했다. 담양부사 재임 시 전라도 함열의 2세조 묘를 찾는데 크게 기여했다. 지석誌石을 찾아낸 것이다.

특히 심최량·심중량·심계량 삼형제는 과거에 급제하여 가문을 융성케 하였다.

㊀ 계보

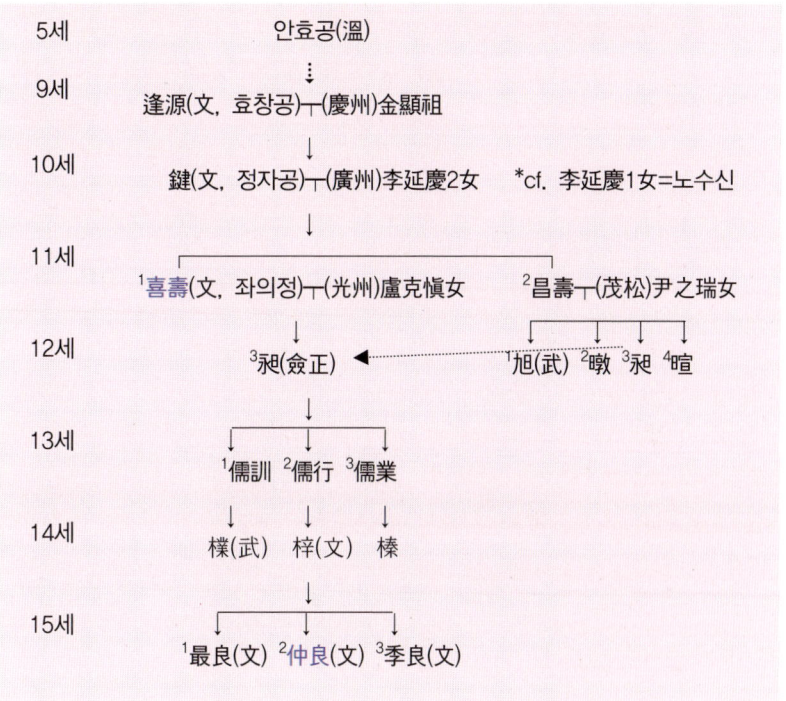

㈢ 제주목사 이형상에게 보낸 심중량의 편지

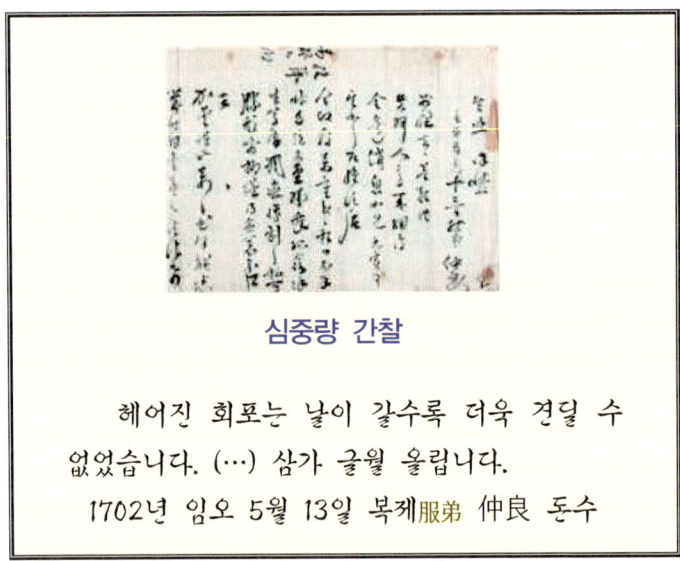

심중량 간찰

헤어진 회포는 날이 갈수록 더욱 견딜 수 없었습니다. (…) 삼가 글월 올립니다.
1702년 임오 5월 13일 복제服弟 仲良 돈수

㈢ 심중량 문과 합격명단

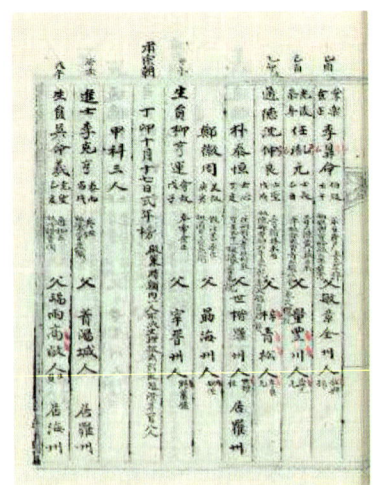

㈣ 증조부인 심창의 묘표를 쓰다

'심창수 묘표'의 글씨는 심중량이 썼다. 경기도 고양시 덕양구 심희수 묘역의 심창수 묘표. 2019.6.4

④ **심상정** 沈尙鼎(1680~1721)

심상정은 인수부윤공의 후예로 처음 이름은 상엽尙燁이었다. 그는 "당대 문장으로 이름이 높았던 崔昌大, 趙泰億 등의 인정을 받을 정도로 시에 있어 이름이 났는데, 특히 律詩를 잘 지었으며 村野의 情態를 표현하는 데 뛰어났다고 평가되었다."[130]

심상정의 행장은 이렇다.

---

130) 徐仁淑, 2011 『夢梧齋集』 해제. 고전번역원

어릴 적부터 밝게 빼어나고 영특하여 세인들이 신동이라고 하였다. 향년 42歲이다. 공은 문재(文才: 글재주)가 특별하게 뛰어나서 4歲 때 능히 글을 읽고(…) 公이 일찍이 꿈에 노인을 만나고 손바닥에 오자(悟字)를 써 주었기에 호를 몽오재夢悟齋라 하다.
- 知製敎 이거원李巨源 씀[131]

심상정, 『夢悟齋集』 序

---

131) 〈몽오재정언공휘상정尙鼎행장〉

⑤ 심택현 沈宅賢(1674~1736)

청헌공 심택현은 1715년, 심연 묘를 재봉축하고 제향을 영구히 지내기 위해 심단 등이 중지를 모을 때, 물질적으로 큰 지원을 하였다. 심택현은 1715년 현재 경주부윤으로 재직하고 있었다.[132] 그의 비명을 통해 인품을 알아보자.

어릴 때부터 부모를 섬김에 있어서 매우 효도하여 어버이에게 병환이 생기면 근심스러운 빛이 얼굴에 나타나서 하루 종일 그 곁을 떠나지 아니했고, 약관弱冠에 아버지를 잃었으나 슬픔으로 몸이 상해서 거의 완전하지 못했다.

귀하게 되어서는 자기의 봉록이 부모를 봉양하는데 미치지 못함을 슬퍼했고 말씀이 아버지에게 미치면 문득 눈물을 흘렸다. 모부인母夫人을 봉양함에 있어 한결같이 뜻을 봉양하는 데에 주력했다.

상고를 당해서는 나이 육십이 가까워 몸에 병이 깊이 들었으나 비록 한여름에도 최질衰絰을 몸에서 떼지 아니하고 조석의 곡전哭奠을 혹 직접 올리지 못하면 얼굴이 검게 파리하고 차가워서 몸을 지탱하지

---

132) 『慶州先生案』〈府尹先生案〉, 아세아문화사, 281쪽. "府尹沈宅賢通政甲午(1714)六月十四日以戶曹參議來乙未(1715)六月日移拜江原監司"

못할 것 같으니 보는 사람들이 민망하게 여기면서 감탄하곤 하였다.

문간文簡공 이의현李宜顯이 시詩에 "험한 기에도 조용조용 가서 편안함 잃지 아니하고 / 이름난 곳에서는 죽은 듯 고요하여 시끄러움 없네 / 눈에 가득한 넓은 물결을 끝까지 밀어냈으니 / 한 마음이 곧으니 참으로 자랑할 만하네."[133]

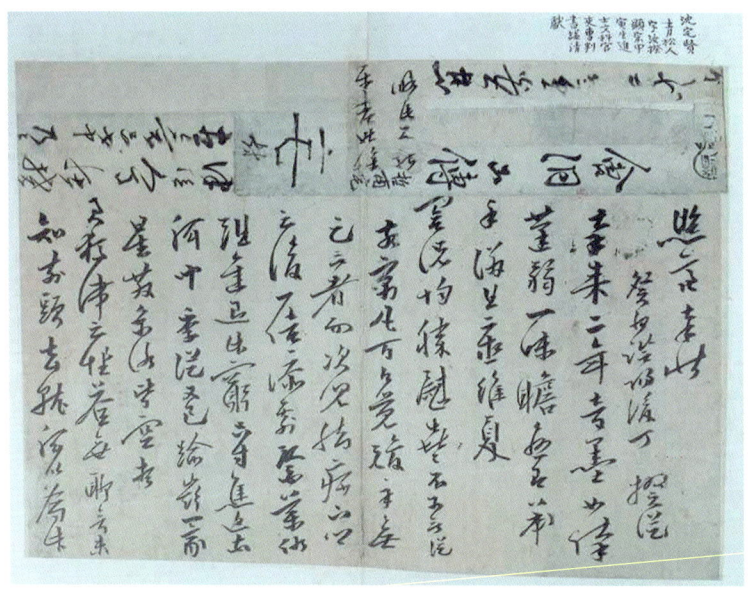

심택현 간찰

---

133) 유척기, 〈이조판서시청헌공휘택현宅賢묘갈명〉

심택현 묘소와 묘비

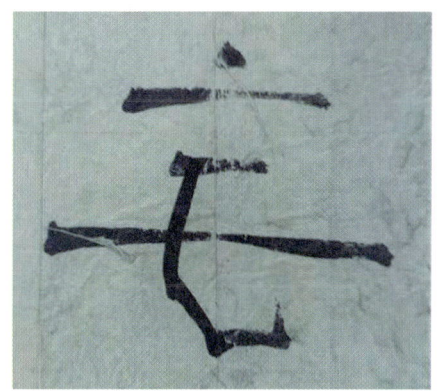

청헌공 **심택현 수결**手決(사인).
宅자를 변형해 쓴 듯하다.

3장 심연 부부 묘소의 함열咸悅 천장과 묘역의 수호

❻ 심수현 沈壽賢(1663~1736)

첫 비석(1715년)에 이름이 나왔으나, 1720년 비석엔 없다. 어명으로 지방을 살피던 심수현은 언양彦陽 지역의 양전量田에 이상 없다고 보고하였다.[134] 그리고 청송 심문의 시조 묘가 있는 청송 지역에 들러 보광산 토지대장 외에 전답도 등재하고, 戶長으로 하여금 收稅케 하여 祭需에 보태게 하였다.[135] 경상좌도 지역 토지 문제를 해결하기 위해 파견된 지산상공은 내친김에 시조 묘소의 미진한 부분을 해결하여 종재宗財를 확고히 하고 시조 묘소의 제향을 수월히 할 수 있도록 조치하였다. 湖西안찰사로서 2세조 묘비를 구비하였다.[136]

---

134) 『肅宗實錄』 46년 2월 5일
135) 靑松沈氏大宗會, 2002, 『靑松沈氏大同世譜-庚辰譜』 首卷, 100쪽
136) 靑松沈氏大宗會, 2002, 『靑松沈氏大同世譜-庚辰譜』 首卷, 175쪽

5. 상석床石과 묘갈墓碣의 변동

1) 1379년 상석 설치 - 심덕부·심원부 형제

1377년 9월, 산청에서 함열로 심연 부부의 묘소를 옮긴 심덕부·심원부 형제는 2년 뒤인 1379년에 묘소 앞에 상석을 설치했으나 현재 남은 게 없다.

2) 1715년 - 묘소의 봉축과 비석 건립

1592년 임진왜란으로 실전했던 묘소를 찾고 봉분을 쌓은 뒤 묘갈을 설치했다(1715년). 그러나 누군가 비석의 일부를 훼손하고 또 새로운 상석도 설치해야 할 상황이 됐다. 이에 심수현이 엄청난 크기의 상석을 설치했다. 이런 연유로 첫 묘갈은 현재 영모재 경내에 있다.

3) 1720년 - 심수현이 상석 설치

湖西안찰사로 파견된 심수현은 彦陽 지역의 量田이 이상 없다고 보고하였다.[137] 그리고 청송 심문의 시조묘

---

137) 『肅宗實錄』 46년 2월 5일

가 있는 청송 지역에 들러 보광산 토지대장 외에 전답도 등재하고, 戶長으로 하여금 收稅케 하여 祭需에 보태게 하였다.138)

경상좌도 지역 토지 문제를 해결하기 위해 파견된 지산상공은 내친 김에 시조 묘소의 미진한 부분을 해결하여 宗財를 확고히 하고 시조 묘소의 제향을 수월히 할 수 있도록 조치한 것이다.

1715년에 영모재 경내로 옮겨진 2세조 (舊)심연 묘갈. 2세조 묘소를 심복(尋復, 다시 찾음)한 뒤로 설치한 묘갈이다. 소박하고 앙증맞은 묘비와 석상이다. 비신 62cm × 123cm
2021.4.11

---

138) 靑松沈氏大宗會, 2002, 『靑松沈氏大同世譜—庚辰譜』 首卷, 100쪽

영모재 경내로 옮겨진 2세조 **(舊)심연 묘갈** 앞의
석인상. 묘갈의 이수와 함께 순박하기 이를 데 없는
석상이다. 석인상 크기: (좌) 43cm × 120cm,
(우) 40cm × 120cm 🖾 2021.4

위 묘소 크기: 가로 6.3m× 세로 8m

　　1720년에 다시 세운 묘갈(비석)은 상석의 크기에 비례하여 웅장하고 석상 역시 2m에 이른다.

위 묘소 상석: 가로 170cm× 세로 117cm

아래 묘소 상석: 가로 160cm× 세로 115cm

3장 심연 부부 묘소의 함열咸悅 천장과 묘역의 수호

상하 묘소 사이에 세워진 **심연 묘갈**이다. 심연 부부의 묘소를 구분할 수 없어, 두 묘소 사이에 비석을 세웠다.
비신: 가로 70cm× 세로 175cm

위 묘소의 석인상: 높이 2m

아래 묘소의 석인상: 높이 1m 80cm

4) 1914년 - 묘비 글자의 훼손으로 인해 새로 글자를 새기다

1715년에 세운 옛 비석은 경모재 옆으로 이동해 안치하였고, 1720년 묘역 정화 시 세운 비석은 1914년에 다시 글씨를 팠다.

현 묘갈 우측면(심상익 撰, 심신택 書)에는 1720년에 세운 비석의 글자가 200년 만에 완결刓缺(刓-깎을 완, 닳을 완 / 缺-흠결, 이지러질 결)되어 '종친들이 크게 놀랐다[제종대구諸宗大懼]'. 이에 일가들이 힘을 모아 1914년에 묘갈을 새로 새겼다는 내용이다.

풍상에 닳았다는 것인지 누군가 훼손했다는 것인지 분명치 않다. 그런데 종친들이 크게 놀랐다는 것을 보면, 갑자기 훼손된 것이 아닌가 한다. 풍상에 닳았다면 시간이 많이 걸리는 일인데 다들 인식하고 있는 터라 크게 놀랄 일은 아닌 것이다. 수리하면 될 테니까.

필자는 '크게 놀랐다'는 사실에 방점을 두고 보면 급히 수리할 필요가 컸다고 생각한다. 이에 전국의 일가들에게 알려 모금을 하고 비석을 다시 새긴 것으로 판단한다. 이 일에 발 벗고 나선 이는 향유사 심신택이었다. 그의 묘 상석에서 이 사실을 확인할 수 있다.

감역공 **심신택 묘소 상석**
-뒷면 일부분.
40년간 함열유사를 보며,
재실을 짓고 **지후공 묘갈을
고쳤으며**改碑, 전답을 보태고
소나무를 심었기에, 경향의
일가들이 칭찬했다는 기록이다.

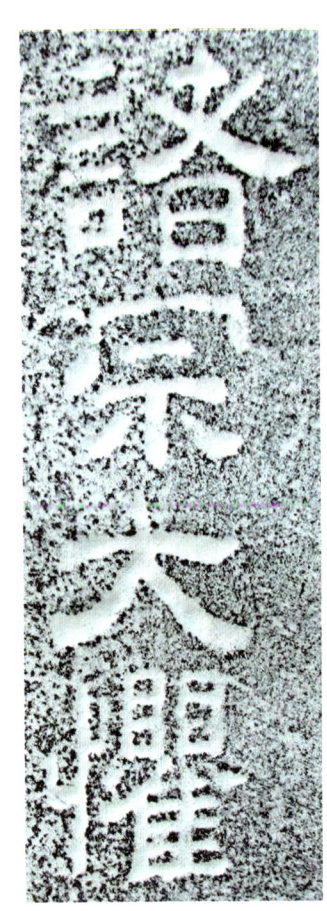

심연 묘갈의 '제종대구' 표현.
종친들이 크게 놀라[제종대구諸宗大懼]'
1914년에 묘갈을 새로 새겼다는
내용이다. 크게 놀랐다는 것을 보면,
갑자기 훼손된 것이 아닌가 한다.

5) 묘갈 우측 비면 내용[139]

'합문지후공 심연 묘갈'의 우측면에 새겨진 글이다. 비석의 본문 글은 1720년의 비문을 그대로 쓰고, 이 측면의 글은 관찰사 沈相翊이 찬술하고, 죽계공 후손인 沈臣澤이 글씨를 썼다. (3m×60cm)
2021.8.10

 옛 비석에는 □府君 13세손 仲良이 지었으며 15세손 埈이 썼다. 숙종 을미년 입춘은 지금부터 여러 해가 되었는데, 완결(刓缺: 글자가 닳아서 없어짐)된다는 점을 조심하지 않았다가 여러 종인들이 크게 두려워하여 급히 다시 갈고 쪼아서(농이탁礱而琢) 불초 相翊에게 아래 부분에 (이 사

---

139) 舊碣 □府君 十三世孫仲良撰 十五世孫埈書而 以肅宗乙未立春 距今有年 不戒于刓缺 諸宗大懼 亟與重礱而琢之 屬不肖相翊 附識下方 竊念府君 積德流慶 金紫千億 而文獻之託 矧在牲柱石之嚴 則穹壤雖邈 寧有不足於杞宋哉 在昔乙未十四代孫圭 殫誠竭力 事功告訖 今其六代孫臣澤 繼承先懿 圖所以重修之策 不其歸歟 夫堂構□□不能無望於來者 故敢并云 二十一世孫 資憲大夫 行全羅南道觀察使 相翊 二十世孫 繕工監 假監役 臣澤 謹書
※ 沈燦燮 발행, 『청송의 뿌리』 31호(1993.7), 2면에도 번역문이 있으나, 오류가 있다.

3장 심연 부부 묘소의 함열咸悅 천장과 묘역의 수호 273

실을 적은) 글을 지으라고 요청하였다.

　가만히 생각해 보니 府君(2세조)께서 덕을 쌓은 것이 흘러 전하여 높은 벼슬한 후손이 무수히 많고 문헌에 의탁하여 증명할 수 있는 것도 더구나 비석이 엄연히 남아있으니, 천지간이 비록 아득하지만 어찌 (사실을 잘 알 수 없는) 杞나라 宋나라의 문헌 보다야 부족하겠는가.140)

　옛날 을미년에 14대손 圭가 정성을 다하고 힘을 다하여 공사를 마쳤는데, 지금 그 6대손 臣澤이 선대의 훌륭한 유업을 계승하여 중수하려는 계책을 도모하였으니 제대로 된 일이 아니겠는가. 堂을 □□ 짓는 일은 후손들에게 기대하지 않을 수가 없다. 그러므로 감히 아울러 말한다.

　21세손 자헌대부 행전라남도 관찰사 상익이 삼가 짓고
　20세손 선공감 가감역 신택이 삼가 씀

沈相翊은 공숙공 유허비 찬자 심건택의 아들이다. 우측 글을 쓴 상익은 심인겸 ⇨ 심우정 ⇨ 심건택 ⇨ 상익(1920 경신보 주관, 내부협판) ⇨ 沈載昇(前 전북 경찰

---

140) 杞나라 宋나라의 문헌: 《논어》〈팔일〉장에 "공자가 '하나라의 예는 내가 말할 수 있지만 그 후손의 나라인 기나라에서 증거 자료를 찾기가 어렵고, 은나라의 예는 내가 말할 수 있지만 그 후손의 나라인 송나라에서 증거를 찾기가 어려웠다.'[子曰: 夏禮吾能言之, 杞不足徵也, 殷禮吾能言之, 宋不足徵也]"라고 하였다.

청장)으로 이어진다. 심건택 선정비가 공주 공산성 '금서루'에 있다.

심상익의 부친 심건택은 전남 곡성에 있는, 1909년에 건립한 〈공숙공 유허비〉의 찬자이다.

전남 곡성군 고달면. 공숙공 심회 유허비.
2021.5.31

1715년(을미년) 비석을 세우자, 김씨네가 반발하며 죽계공 심규에게 위협을 가하기도 하였다. 따라서 비석을 훼손하는 일은 정해진 순서일 것이다.

1720년(경자년)에는 이미 훼손된 것을 치우고, 새

비석에 좀 더 자세히 쓰고 글자도 예서체로 바꾸었다.

　　1914년(갑인년)에 심신택의 주선으로 완결刓缺[141]된 곳을 중수(重修, 낡고 헌 것을 고쳐 지음)하여 오늘까지 전한다.

6) 청송심씨의 묘역 수호의 노력은 지속적으로 이루어졌다

　　① 예컨대 1876년(병자년) 전라도관찰사겸순찰사全羅道觀察使兼巡察使 관문關文을 보자.

　　병자년에 청송심씨 경유사京有司 심인지沈麟之가 올리려고 했던 단자의 초안으로 함열현에 있는 선조 산지 근처를 범장犯葬하고 범송犯松한 사람을 고발하는 내용이 있다.

　　심인지의 선조의 산소는 함열현 남당에 있는데 이곳은 4대 임금 세종의 비 청송심씨 소헌왕후의 선조이다. 따라서 火巢내에 동쪽으로 양정치良正峙까지, 서쪽으로 횡산橫山까지, 남쪽으로 대야미大野味까지, 북쪽으로 안산까지는 아무도 침범할 수 없었다.

　　그렇게 수호한 지 500여 년 동안, 만약 범장하고 범송하는 단서가 있으면 무덤은 이장하고 나무는 돈을 받

---

141) 완결(刓缺); 돌 등에 새긴 것이 닳아서 흐려짐(깎을 완, 흠결).

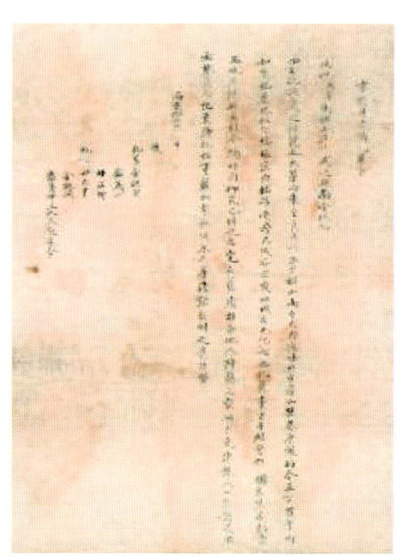

전라도관찰사겸순찰사 관문關文

는다는 절목(시행규칙)이 있었다. 여기에는 범석, 즉 그곳에 있는 돌을 함부로 옮기거나 사용해서는 안 된다는 내용도 포함되어 있다.

그런데 최근 김치국金致國 등이 범장하고 범송하는 일이 발생했다. 이에 심인지는 이들의 행태를 금단하기 위해 이를 잡아 처벌해 줄 것을 탄원하는 단자를 올려려고 했다.142)

---

142) 京有司沈麟之單子 - 소장처: [전주역사박물관]
伏以民等先祖山在於咸悅縣南堂地而四王妃毓慶沙麓也(…)犯松尹大中 金致國 廉義仲 三人大起家舍

② 1876년(고종 13) 4월에 전라관찰사겸순찰사 全羅觀察使兼巡察使가 함열현감咸悅縣監에게 보낸 관문關文

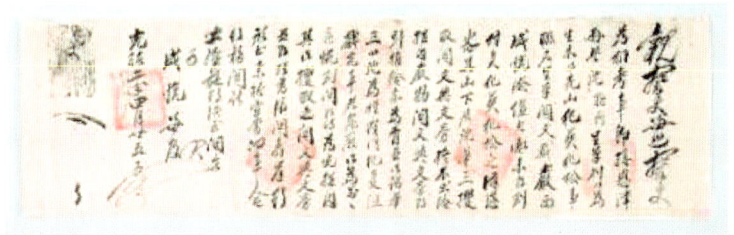

1876년(고종 13) 4월, 전라관찰사가 함열현감에게 보낸 관문關文.

서울에 사는 심판서沈判書댁 선산이 함열현 남당지南塘地에 있는데, 선산 주룡 근처에 석광石壙이 있어 늘 잠채潛採가 걱정이었다. 1854(철종 5)에 함열현에 사는 유민柳民이 석공을 시켜 잠채한 일이 있어 형배刑配하고 채취해간 돌은 도로 메우게 하였다.

그런데 유민이 다시 석공을 시켜 전에 메웠던 돌을 가져가자 인근의 사람들도 채취를 해가는 바람에 주맥이 무너질 우려가 있었다. 뿐만 아니라 김치국金致國과 염의중廉宜中 등은 선산에 범장을 하였고, 윤대중尹大中은 범송을 하였다. 유민과 석공은 즉시 잡아다 1차 형신하여 직초를 받고 이미 캐어간 돌은 부수어 제자리에 도로 메우게 하며, 범장·범송한 사람들은 잡아 가둔 뒤 보고하라고 하였다.143)

③ 1876년(고종 13) 4월에 전라도관찰사겸순찰사全羅道觀察使兼巡察使가 함열겸관咸悅兼官에게 발송한 관문(關文)이다.

은진현감恩津縣監 심능필沈能弼은 자신의 선산 범장犯葬·범송犯松의 일로 연명聯名 단자와 관문을 보냈는데 마침 함열현감이 관아에 없어 바로 접수하지 못하였다. 그런데 범장·범송한 사람이 산 아래에 사는 심화삼沈華三을 종용하여 관문과 문권을 탈취하고 내놓지 않으니, 심화삼을 잡아 가두고 탈취해간 관문과 문권을 추심해 달라고 전라감영에 요청하였다. 전라도 관찰사겸순찰사는 함열겸관에게 관문이 도착하는 즉시 심화삼은 잡아 가두어 관문과 문권을 추심하고 형지形止를 보고하라고 하였다.

---

143) 觀察使兼巡察使(…)光緖二年四月初八〈着押〉/相考/兼使〈着押〉

6. 최근 함열 묘역의 관리

1) 1990년 4월 6일, '전북청송회'에서 <영모재> 안내석 건립[144]

　　청송심씨 문중은 1377년 함열로 심연의 묘소를 옮긴 뒤, 정성껏 제향을 모셔왔으나 임진왜란을 전후하여 선영을 실전하였다. 이후 죽계공 심규 등의 노력으로 1715년 묘소를 다시 찾은 후, 재실을 건립하고 향유사를 정하여 면면히 관리하였다.

　　근자 1989년에 전북청송회[145]에서 500만 원의 헌성금을 걷어, 화강석으로 웅장하게 만든 안내비案內碑를 묘역 입구에 건립하였다.

---

144) 심찬섭, 『青松의 뿌리』 17호 8쪽
145) 당시 회원은 1~3대 회장(심의두 · 심장춘 · 심형섭) 등 29명이다.

영모재永慕齋 안내석. '전북청송회'에서 1989년에 건립하였다.
2021.8.9

헌시 <영모재>146)　　-- 沈載南

모진 비바람
파이고
씻기워져
희비로 얼룩져온
반 천년…

이젯날
깨달음으로
님의 얼
바로 모시메

해맑은
청자빛 하늘에는
희디 흰
목화구름 어우러져 피어지고

님의
옛되려 자리하심의
축복이련가…
가슴
가슴마다에
아름되어 모아내리네

---

146) 沈載南, 1991 〈영모재 안내비 건립〉『青松의 뿌리』5호, 2면

2) 1976년, 영모재 등 함열 묘역의 재실 신축

함열 묘역의 영모재를 비롯해 경첨루와 문루 등이 낡고 비가 새던 차, 청송심씨대종회에서 대대적인 신축공사를 단행하였다.147)

마침 정부의 토지개발로 인해 보상금이 나오면서 그 자금 2600여만 원으로 재각을 일신한 것이다.

재실과 관련해서 보면, 두실상공 심상규가 전라감사로 재임 시 재각齋閣 3칸을 창건하였다. 그리고 1844년 현령공 심의익沈宜益이 임피현령 재임 시 행랑 7칸을 증설한 바 있다. 1894년 갑오경장 이후에 호장제도가 폐지되면서 향사를 신유사山有司가 담당하다 현재는 대종회에서 춘추로 절사節祀를 모신다.

근자에는 종중 임야 일부가 농지로 개발되면서 보상금으로 재각 영모재永慕齋를 건립하였다. 청송심씨대종회에서 1976년 9월 12일 준공식 거행하였다.

---

147) 1976년, 『靑松報』 13호 69쪽: 1976.2.29 〈南堂山祭閣改建開基告由〉 ⇨ 3월 상량식 ⇨ 9.12 낙성식

영모재. 1976년 토지보상금으로 청송심씨대종회에서 신축하였다.
2021.8.9

영모재 편액. 심상윤 서

영모재 2021.8.9

3) <남당산 재각 중건 상량문>148)

보광산普光山에 정기精氣가 내려 우리 시조가 영남의 청송에서 태어나시고
복인福人이 길지吉地를 얻어 유명한 명당 호남의 함열咸悅에 묻히었네
혈穴은 남당산南堂山 진좌술향辰坐戌向이요
때는 홍무洪武 10년 정사 9월일세
묘소에 재실이 없으면 수호하지 못하는 것이고
재실에 신주가 있으면 효용效用이 있는 것일세
공손히 생각하건대 우리 2세조께서는
시조 문림랑공의 아드님이시고
청성백 덕부 악은공 원부의 할아버지이시니
나가서 벼슬은 합문지후공閤門祗侯公이었고
물러나서는 산청山淸 자연동紫烟洞에서 분수를 지키며 사셨네
청성백은 유하혜柳下惠의 화和한 것을 행하였고
악은岳隱공은 백이伯夷의 청절淸節을 지켰네
선조先祖를 면봉緬奉하고
후손에게 덕을 전하였네

---

148) 〈南堂山齋閣重建上樑文〉 普岳降精生我纉緖之顯祖于嶺南之靑松 穴是屹山南堂辰坐戌向 墓而无齋無以守 福人逢吉藏斯著名之明堂而湖南之咸悅 (…) 公藏后 五百九十九年 丙辰 三月 二十三代孫應宙謹

만약 공의 음덕陰德이 아니었으면
어떻게 후손의 경사가 있었으리오.
　일찍이 재각齋閣을 지어 많은 자손이 양 명절에 일제히 모여 만대萬代의 제사를 궐하지 않고
　중간에 비운否運을 만나 아름드리 나무가 잠깐 사이에 벌목伐木을 당하고 오래도록 넉 자四尺의 묘소를 잃었네.
　천도天道가 어둡지 아니하여 담소談笑하는 사이에 유발誘發하여
　추심追尋하고 개봉改封한 이는 임피臨陂의 죽계처사竹溪處士이고
　재각을 중건하여 세대가 변천하는 중에도 이어서
　크고 아름답게 집을 지은 이는 경향京鄉의 지위 높은 집의 후손일세
　옛날의 영모재永慕齋는 그 규모가 협소狹小하여 비바람도 가리지 못하여 많은 자손 수용할 수 없었는데
　지금의 긍구당肯構堂은 그 제도가 넓고 크며 또 단청을 새롭게 하여 옛날 간판 그대로 걸었네
　동서東西의 길옆에 곁채를 모두 갖추고
　앞뒤에 소나무와 회나무를 심어 사시장춘四時長春일세
　어떤 사람은 땅을 줄여 돈을 만들고
　어떤 사람은 정성을 모아 재물을 만들며
　이에 상의를 하자 의견이 일치되어

공사를 시작하여 완공하였네.
해는 병진년이요
때는 3월일세
큰 들보를 간좌艮坐의 터에 올리고
공인工人들이 아랑위兒郞偉를 제창齊唱하였네.

아랑위 들보를 동쪽으로 던지니 해가 동쪽에서 나와 사해四海가 밝았네.
아랑위 들보를 서쪽으로 던지니 해는 서산으로 들어가고 한 마음이 가지런하네.
아랑위 들보를 남쪽으로 던지니 평원平原은 넓고 아득하며 하늘에서 내린 복조는 멀고 크네.
아랑위 들보를 북쪽으로 던지니 적선積善한 나머지 경사로 자손이 번성해졌네.
아랑위 들보를 위로 던지니 하늘에서 해와 달과 별이 온 천하에 비치네.
아랑위 들보를 아래로 던지니 땅으로 백 가지 상서가 쏟아져 나오네.

엎드려 원하옵건대 춘추로 제사 지내는 데 재계하고 정성 들여 효성을 반드시 다하고 경향의 여러 일가들이 모여 머리를 맞대고 족의族誼를 강명講明하여 반드시 돈목하게 되면 어찌 우리 일가들이 선조를 사모함만 되리오. 족히 세상 사람들이 눈으로 보고 마음으로 느낄 것입니다.

-- 공을 장사지낸 지 599년 병진(1976년-필자 재석) 3월에 23대손 응주가 삼가 지음.

4) 함열 묘역 건물의 상징인 <영모재> 기둥의 주련시柱聯詩 7개

함열 묘역의 영모재는 청송 심문 2세조의 묘역을 상징하는 건물이다. 청송심씨 2세조 합문지후공의 유일한 시 〈안분음〉과도 연관성이 있기에 좀 크게 적는다. 먼저 주련의 한시漢詩 해석을 적은 뒤, 기둥 하나씩 시구를 다시 제시하겠다.

❶ 흘산吃山이 빼어났으니 공손히 읍揖하고 두 손을 모으는 것拱 같구나
❷ 신령스런 언덕에는 뽕나무와 버드나무가 서 있네
❸ 德人의 무덤은 천년만년 무궁하리
❹ 하늘에 호소하니 神仙을 내려보냈구나
❺ 구름은 두륜산으로 돌아가고 학은 푸른 소나무에 깃들었고
❻ 심월心月이 서로 비추니 맑게 개인 밤에 서로를 찾았구나
❼ 죄를 짓지 않으면 영원히 생명을 보전하리라.

영모재 주련 시구詩句 모음. 1976년 영모재를 신축할 때 청송심씨대종회 심기택 부회장과 총무 심충수沈忠秀 씨가 서울에서 가져왔다고 들었고 기록도 있으나, 누구의 글씨인지는 알 수 없다.

 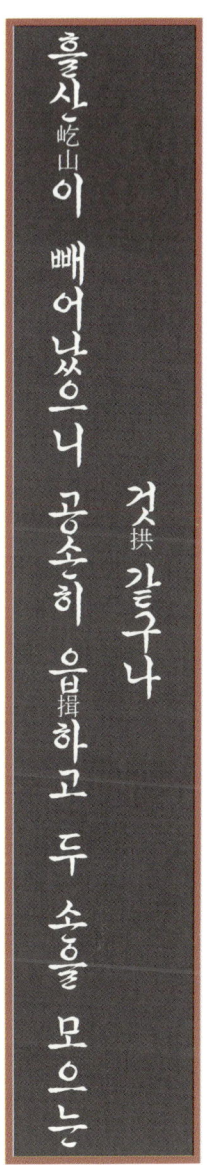

영모재 주련 - ❶

 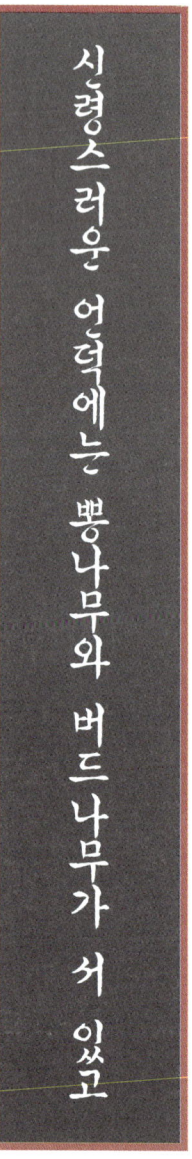

영모재 주련 - ❷

영모재 주련 – ❸

영모재 주련 - ❹

 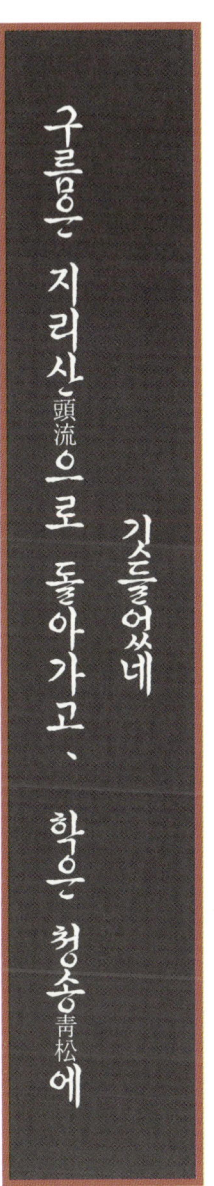

영모재 주련 - ❺

 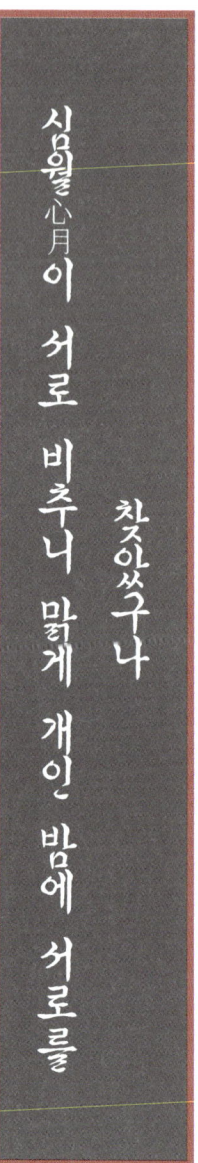

영모재 주련 – ❻

영모재 주련 - ❼

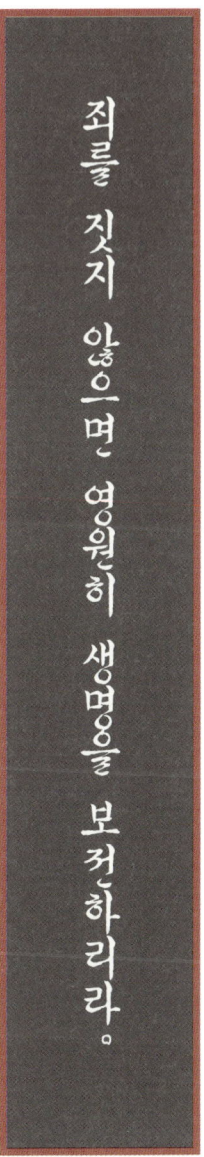

3장 심연 부부 묘소의 함열咸悅 천장과 묘역의 수호

5) 영모재에 걸린 현판懸板 9개

영모재에는 9개의 현판이 걸려 있다. 현판은 편액, 현판시, 판상시 등으로 불린다.

편액扁額은 정자 명을 새긴 현판으로 현액懸額, 서액書額이라고도 한다.

주련시柱聯詩는 누정 밖 기둥에 써 놓은 시로, 영련시楹聯詩라고도 한다.

현판시懸板詩는 누정 안에 걸려 있는 시를 새긴 판을 말하고, 판상시板上詩가 확실한 명칭이다.

이와 달리 제영시題詠詩, 판상운板上韻, 판상시板上詩, 시문판詩文板이라고 불리기도 한다.

① 함열현 남당산 묘각기 墓閣記

〈함열현 남당산 묘각기〉 2021.8.9
17대손 종유사 沈隋泰 記
19대손 향유사 沈宜貞 書

② 심능현 시[149]

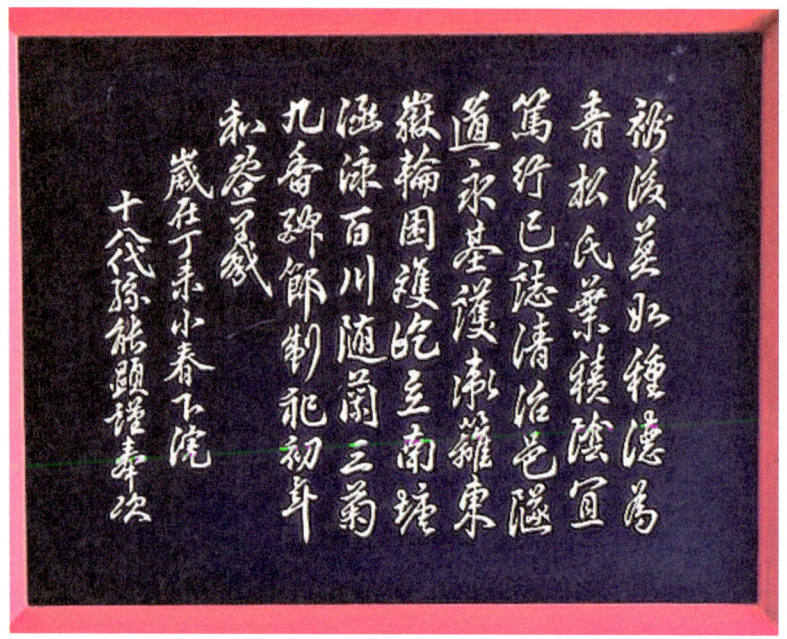

18대손 심능현沈能顯 2021.8.9

---

149) 裕後莫如種德爲 青松氏葉積蔭宜 篤行已誌淸冶邑 隧道永基護衛籬 東嶺輪囷雙屹立 南塘涵泳百川隨 蘭三菊九香酬節 制祀初年和曁義 歲在丁未小春下浣

후손에게 넉넉히 하는 것은 덕을 심는 것만 한 것이 없어
청송심씨 후손들이 음덕을 쌓은 것이 마땅하네
독실한 행실은 맑게 다스린 고을에 이미 기록되었고
무덤의 영원한 터에는 울타리가 호위하네
동악산은 구불구불 쌍으로 우뚝 솟아
南塘에 푹 잠기니 모든 물이 따른다네
난초 셋 국화 아홉의 향이 절기에 보답하니
제사하는 초년에는 和씨와 義씨라네[150]

   정미년 小春 下浣
   18代孫 能顯 謹奉次

---

150) 和씨와 義씨: 義氏와 和氏는 전설상의 인물로 요임금의 신하이다. 즉 羲仲, 羲叔, 和仲, 和叔이다.

③ 심신택 시151)

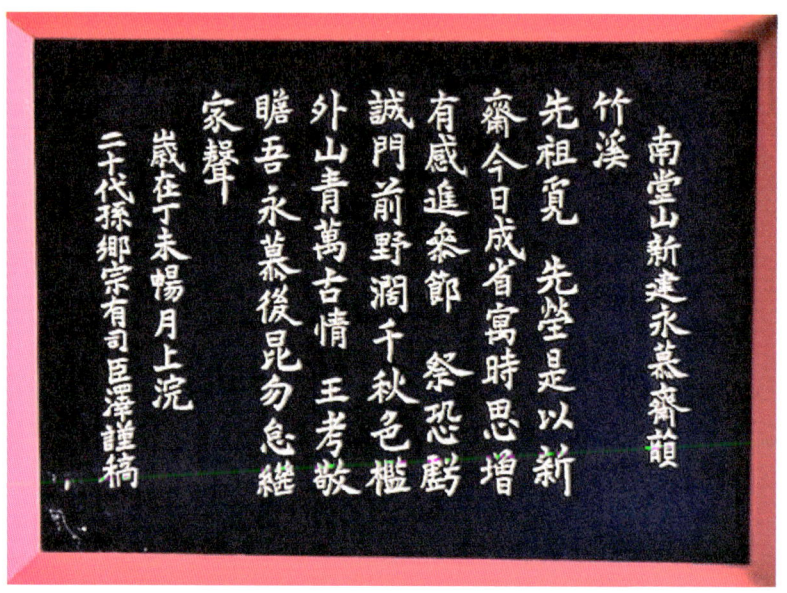

20대손 심신택沈臣澤 2021.8.9

---

151) 〈南堂山 新建永慕齋韻〉 竹溪先祖覓仙塋 是以新齋今日成 省寓時思增有感 進參節祭恐虧誠 門前野潤千秋色 檻外山靑萬古情 王考敬瞻吾永慕 後昆勿怠繼家聲 歲在丁未暢月上浣 二十代孫 鄕宗有司 臣澤謹稿

<南堂山 新建永慕齋韻>

죽계 선조의 산소를 찾아보니
이로써 새 재실을 오늘 완성하였네
숙소 살피고 때때로 생각하니 감동이 더하고
節祀에 나아가 참여하니 정성이 모자랄까152) 두렵네
문 앞의 넓은 들은 천추의 색깔이요
난간 너머 푸른 산은 만고의 정이라네
지후공王考153)을 경건히 우러러보며 내 영원히 사모하노니
후손들은 가문의 명성 잇기를 게을리 말라
    정미년 11월 상순
   12대손 고을 종유사 신택이 삼가 지음

---

152) 휴(虧): 이지러지다(불쾌한 감정 따위로 얼굴이 일그러지다), 부족하다(不足--), 모자라다. 虧誠 : 정성이 부족함
153) 왕고(王考): 돌아가신 할아버지

④ 심신택 시[154]

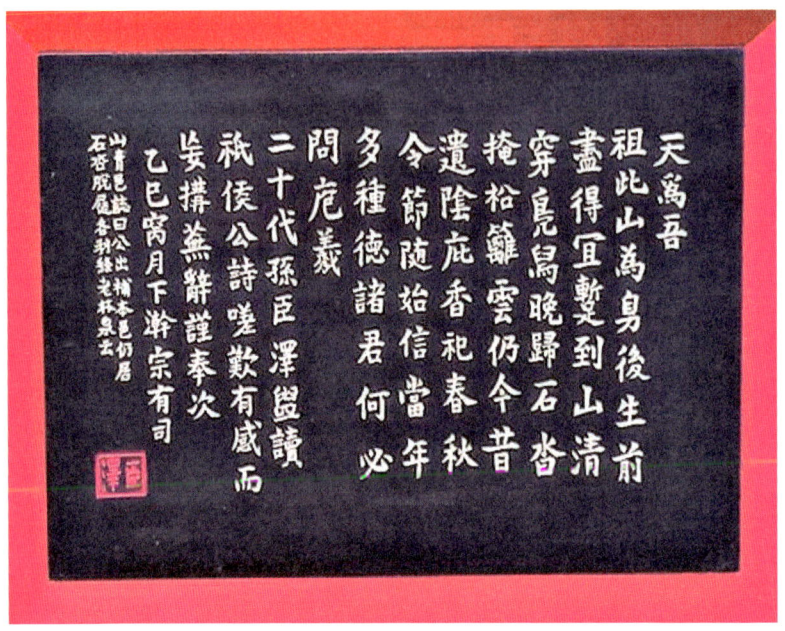

20대손 심신택 沈臣澤 2021.8.9

---

154) 天爲吾祖此山爲 身後生前盡得宜 暫到山淸穿鳧鳥 晚歸石畓掩松蘿 雲仍今昔遺陰庇 香祀春秋令節隨 始信當年多種德 諸君何必問庖羲 二十代孫 臣澤盥讀 祇候公詩 嗟歎有感而妄構蕪辭 謹奉次 乙巳窩月 下澣 宗有司 山淸邑誌日 公出補本邑 仍居石畓 脫展名利 終老林泉云

<지후공시에 차운한 시>155)

하늘이 우리 조상을 위해 이 산을 만드니 / 사후와 생전에 적절함을 모두 얻었네 / 잠시 山淸에 이르러, 지방관으로 있었으며 / 늘그막에 石畓에 돌아가 송라(松蘿, 산림)156)로 가렸네 / 후손들을 예나 지금이나 음덕으로 보호하니 / 향사를 춘추로 절기 따라 지내네 / 비로소 당년에 덕 많이 쌓은 것을 믿겠으니 / 제군들은 어찌 포희(庖羲)157)에게 물을 필요 있으리.

20대손 신택이 손 씻고 지후공의 시를 읽고는 차탄(嗟歎, 감동하여 감탄)하여 망령되이 거친 시를 지어서 삼가 차운함.
  을사년 병월(丙月, 삼월) 하순에 종유사

『산청읍지』에 말하기를, "공이 본읍으로 보임하여, 석답에 거주하면서 명리를 벗어버리고 죽도록 산림에서 늙었다."고 하였다.

---

155) 필자 沈載錫이 임의로 붙인 제목이다.
156) 송라(松蘿): 곧 山林을 말한 것으로, 한적한 정경을 가리킨다.
157) 포희(庖羲): 복희씨(伏羲氏)로, 중국의 전설상의 임금인 삼황(三皇) 중의 한 사람이다. 처음으로 백성들에게 고기잡이, 사냥, 목축 등을 가르치고 팔괘(八卦)를 만들었다고 한다.

⑤ 심기택 시[158]

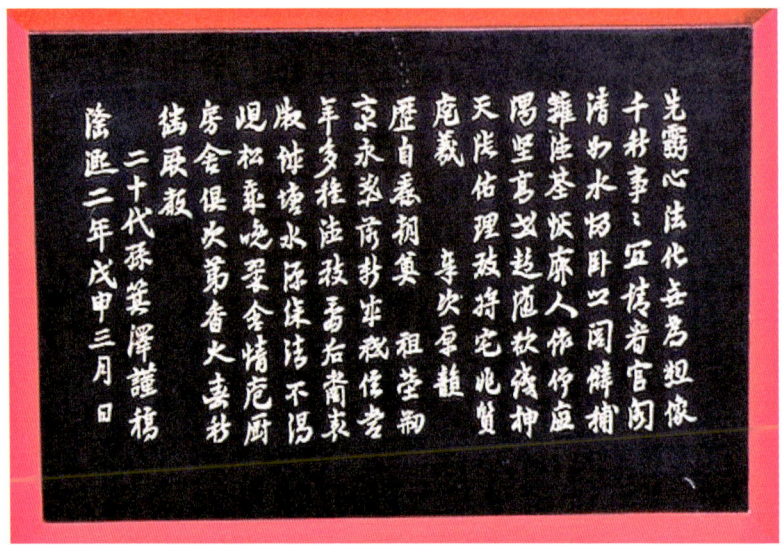

20대손 심기택沈箕澤 ㊞ 2021.8.9

이 심기택의 시를 판각한 현판은, 아마도 후대에 덧칠하면서 자획이 왜곡된 듯하다. 해석이 곤란하다.

---

158) 원문은 이렇게 타자했다. 先靈心法化無爲 想像千秋事事宜 請看官閣淸如水 歸臥絶關■■籬 德基恢廓人依仰 廉隅堅高世趨遺 欲識神天■佑理 敢將宅兆質庖義 奉次原韻 歷自■朝奠祖塋 刱齋永慕落新成 祇信當年多■德 ■■后裔■■■ 塘水源■■不渴 峴松歲晚翠舍情 庖廚房舍具次第 香火春秋繼■聲 二十代孫 箕澤謹稿 隆熙二年 戊申三月 日

⑥ <함열남당산신건영모재기>(1908)

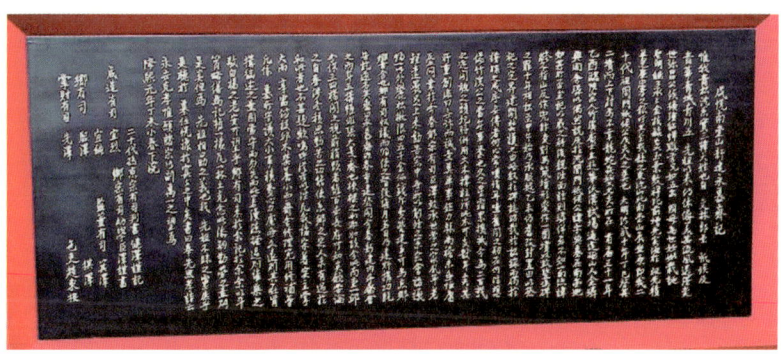

<함열남당산신건영모재기(1908)> 2021.8.9
20대손 심건택沈健澤 記
심신택沈臣澤 書

이 현판은 <1908년 영모재 앞 내외재사內外齋舍 신축기>라고 해야 쉽게 이해된다.

1907년에 향유사 심신택 공이 서울에 가서 함열 묘역의 소나무를 조금 팔아 재사齋舍를 건축하자고 건의하였고, 종회에서 찬동하여 내외재사를 신축하였다는 내용이다. 죽계공의 후손인 심신택 선조의 공로가 컸음을 알 수 있다.

⑦ 함열남당산재각중건기

〈함열남당산재각중건기〉 2021.8.9
21대손 심상훈沈相薰 記
20대손 심신택沈臣澤 書

⑧ 함열 남당산 묘각 서

〈함열 남당산 묘각 서咸悅南唐山墓閣 序〉
20대손 京有司 沈相薰 記
鄕有司 沈臣澤 書

⑨ 함열 남당산 재각 중건기(1976.9)

〈함열남당산재각중건기〉(1976년).
대종회장 심성택 짓고, 대종회 문화이사 심재호 씀. 2021.8.9

1976년 재각 준공식 기념 현판으로, 심재호 대종회 문화이사가 썼다. 2,600만 원을 들여 영모재, 경첨루, 주사廚舍, 문루門樓 등 총 89평 6홉을 중건했다는 내용이다. 옛 것은 40평 남짓 되었었는데, 50평 정도를 증축한 것이다.

공사 기간은 1976년 1월 회일晦日(말일)에 시작하여 8월 중순에 마쳤다.

1377년 합문지후공 부부의 영구를 함열로 모시고 올 때, 연 10리 길에 걸쳐 관인官人과 향민鄕民이 배송했다는 구절이 보인다.

왜구들의 침략으로 민심이 흉흉했던 그 시소時騷 속에서 양장 같은 구곡준령 소백산맥과 긴 골짜기 노령산맥을 누벼 넘는 10일 상로喪路에 영이靈轜를 따르던 회장객들이 위로 관아에서부터 향민에 이르기가지 연연 10리 길에 뻗쳤다 하며159)

　　위 중건기를 쓴 심재호 문화이사는 악은공 후예로, 이 무렵 청송의 〈경의재기〉도 썼다(書).

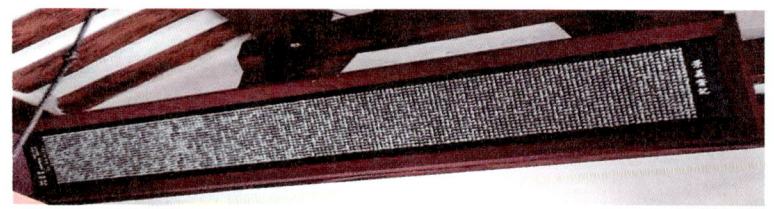

청송 경의재에 걸려 있는 경의재기. 2021.4.8

---

159) 1976, 심재호 〈함열남당산재각중건기〉

6) 경첨루와 액자들

① 경첨루敬瞻樓

경첨루는 합문지후 심연의 묘소를 눈앞에서 바라볼 수 있는 장소에 건립하였다. 누각으로 돼 있어서 2층에서 묘역을 우러러봤을 것으로 짐작한다. 옛 족보에서 경첨루의 모습을 그림으로 그린 게 있다.

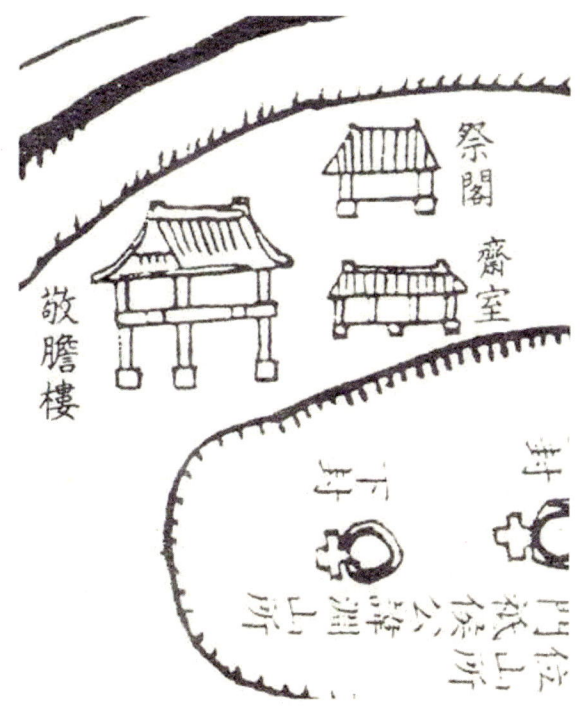

沈明求, 2004 『추원록推原錄』, 晩沙學術研究院, 〈2세조 묘산도〉- 경첨루 부분 확대

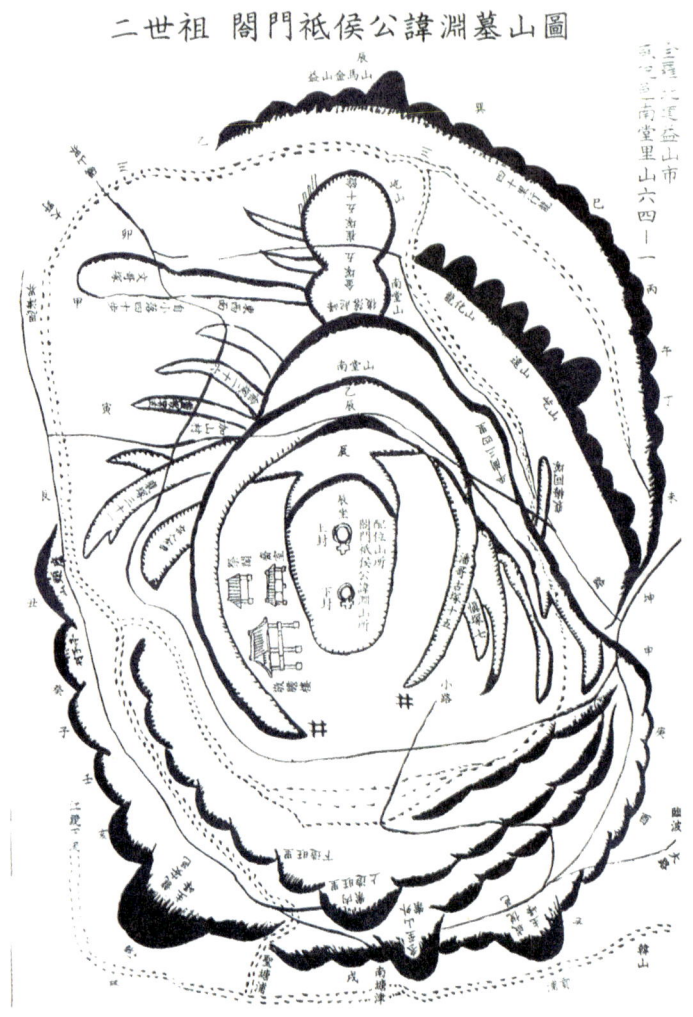

沈明求, 2004 『추원록推原錄』, 晚沙學術研究院,
〈2세조 묘산도〉

경첨루敬瞻樓. 각종 묘산도墓山圖에 보면, 경첨루는 합문지후공의 묘역을 한눈에 내려다볼 수 있는 2층의 누각樓閣이었다. 1976년에 재각을 대대적으로 신축하면서 경첨루도 단층으로 지은 것 같다.
🖼 2021.8.9

　　현재의 경첨루는 외양이 과거의 그것과 다르다.
　　1976년에 건물을 신축하면서 경제성과 실용성을 생각한 것으로 보이지만, 과거의 누각 형태의 경첨루가 훨씬 운치 있고 멋지다.

경첨루 편액: 경첨루는 2세조 묘소가 보이는 곳에 지은 2층 누각이었다. 이 편액은 2층 누각일 때 사용하던 것이다. 沈宜喆 글씨이다.
🟥 2021.10.16

경첨루 편액의 낙관 (沈)宜喆

② 경첨루敬瞻樓 액자

경첨루에 걸린 액자들 2021.10.16

　경첨루 안에는 합문지후 심연의 〈안분음安分吟〉을 원용援用해 쓴 글귀들이 걸려 있다.

㊀ 가석 심상윤 - 〈여재소〉

심상윤 서. 〈여재소如在所〉 항상 여여如如하다는 뜻으로 읽힌다.

㊁ 심우식 서 - 〈채미문〉

심우식 서, 〈채미문採薇門〉

심연의 〈安分吟〉에서,

고사리가 산에 가득하니 따로 남새밭 가꿀 것 없고
薇蕨滿山寧學圃

에서 원용한 구절이다.

㊂ 심우식 - 〈요월헌〉

심우식 서, 〈요월헌邀月軒〉

심연의 〈安分吟〉에서,

　　달은 기약함이 없으나 밤마다 떠오르네
　　　　月不相期夜夜隨

에서 원용한 구절이다.

㈣ 심우식 – 〈안분당〉

심우식 서, 〈안분당安分堂〉

심연의 〈安分吟〉에서,

모든 것을 하느님에게 맡기니 그 처분이 마땅하였네
　　　一任天公處分宜

에서 원용한 구절이다. 분수를 알고 마음 편하게 일상을 살아간다는 의미다.

㊄ 심우식 - 〈몽희당〉

심우식 서. 〈몽희당夢羲堂〉

심연의 〈安分吟〉에서,

북창에 높이 누워 헌원씨軒轅氏와 복희씨伏羲氏를 꿈꾼다오
　　　　　北窓高臥夢軒羲

에서 원용한 구절이다.

③ 문루門樓의 현판

영모재에서 심연 부부 묘소로 나가는 문이 있고, 그 처마의 앞뒤에 현판이 걸려 있다.

묘소로 향하는 문 - 현판이 걸려 있다

㊀ 심우식 – 〈기경기효영사기전〉

영모재 문루^{門樓} 안쪽 편액
〈기경기효영사기전起敬起孝永思其傳. 丙辰(1976)〉

문루 안쪽에는 〈기경기효영사기전起敬起孝永思其傳〉이라고 썼다. "더욱 공경하고 더욱 효도하여 영원히 전할 것을 생각하라"는 격려이다.

三 가석可石 심상윤 서 - 〈남당재각〉

묘소로 향하는 문 바깥쪽 - 현판이 걸려 있다

가석 심상윤 서. 〈남당재각南堂齋閣〉
기개 넘치는 명필이다.

可石 沈相允은 영릉참봉英陵參奉을 역임했다.160) 英陵이 어딘가? 소헌왕후릉이다. 가장 선망하는 참봉 자리이고, 청송 심문이 배출한 성녀聖女 소헌왕후와 세종대왕의 합장릉이다. 가석 심상윤 참봉은 영릉 근무시 어깨에 힘 좀 들어갔을 것이다.

종9품인 능참봉은 '왕릉에 속한 전답과 산을 관리하고 경영하는' 매력적인 권한을 갖고 있었다. 그리고 궁궐에서 향축香祝을 받아오고 삭망전을 올리며 제기祭器들을 간수하고 능의 훼손된 부분을 살피는 일 등 바쁜 생활을 해야 하는 직장이었다.

영조가 "지식이 있는 자를 가려서 제수하라"고 자격을 높인 바 있고, 음직蔭職으로서 선대先代의 품계를 이어받는 대가代加나 명망 있는 사람을 추천하는 삼망三望을 통해 임용되는 자리였다.161)

한편 "능참봉은 9품의 미관말직이지만 이로부터 사환仕宦을 시작하여 일정한 근무일수를 채우면 품계가 승진되고 중앙의 하관下官으로 천전遷轉된 뒤 결국 出六하여 한 고을의 수령직을 맡을 수 있었다. 근무연한을 다 채우고 出六한다면 원수 집안이라도 방해하기 어렵다고 했으

---

160) 1987, 『靑松沈氏陽智公派譜』 143쪽
161) 김영자, 2020 〈조선시대, 능을 지킨 사람들〉, 『우리문화』 285호, 한국문화원연합회, 6~9쪽

니, 종9품의 말단에서 시작하여 6품으로 승진하는 일은 일종의 시간 싸움에 다름 아니다. 능참봉의 근무 일수는 450일162)이므로 최소한 15개월을 근무해야 去官할 수 있다.163)

함열 鄕有司 可石 沈相允(1878~1949). 심상윤은 죽계공의 후손이면서 당대 제일의 명사였다. 전서와 초서체로 일가견을 이루고 그림에도 두각을 보였으며 특히 2세조 묘역인 남당산의 유사였다. 수염이 가슴까지 내려온 멋쟁이 함열유사로, 일심으로 봉사하였다. 사진은 가석의 손자 沈載亮 선생 제공.

---

162) 『經國大典』 吏典, 京官職 "六品以上 仕滿九百 七品以下 仕滿四百五十 遷官"
163) 유영옥, 2007 〈陵參奉職 수행을 통해 본 頤齋 黃胤錫의 仕宦의식〉『東洋文化硏究』24, 78쪽

가석 심상윤의 '백로도'

심상윤이 본인 소장본 책에 그린 난초- 필자 소장본

㊂ 〈수복도〉

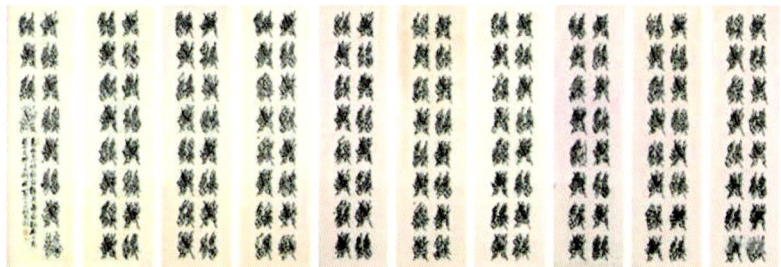

심상윤의 〈백수복〉 글씨는 당대 최고라고 극찬받았다.

7) 영모재 경내의 비석碑石

① 1715년 심연 묘갈

100여 년간 실전했던 묘소를 찾고 난 뒤 조성한 묘갈이다. 이 비는 5년 뒤인 1720년에 다른 비석으로 교체된다. 지금 경내 영모재 옆에 있는 실물의 뒷면을 보면 '심중량'을 비롯한 몇 군데가 훼손된 것을 볼 수 있다. 그것이 비석을 교체한 계기가 된 듯하다.

심연 묘갈(1715). 비가 훼손되자 새로운 비로 세우면서 내용과 크기를 보강한 것이 현재 묘소에 있는 비석이다.

영모재 경내로 옮겨진 구舊 심연 묘갈

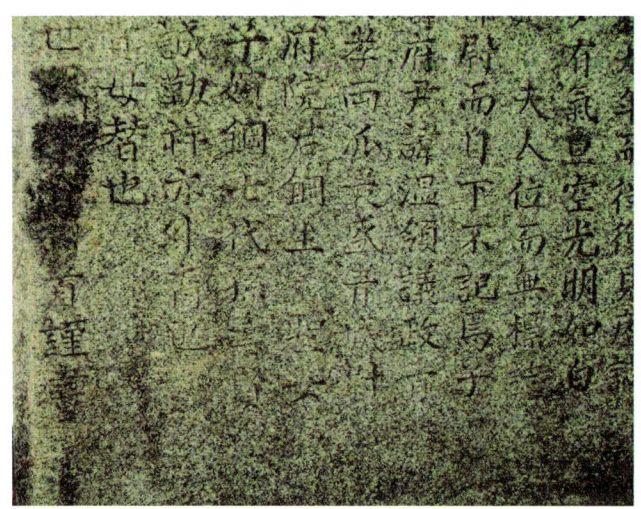

묘갈의 훼손된 부분이 보인다.

묘갈의 이수 부분. 앙증맞은 조각이다.

묘갈 앞의 석인상. 귀엽기까지 하다

3장 심연 부부 묘소의 함열咸悅 천장과 묘역의 수호

② <재각중건헌성비>

　　심연 묘역의 위토는 원래 30만 평이었으나, 관리 소홀 등으로 1976년 당시엔 20만 평 정도였다. 이 무렵 정부시책으로 농지화 된 것이 7만여 평이었다. 그 보상금으로 재각과 경첨루, 묘직사墓直舍 등을 일괄 신축키로 하였다.

　　이때 심성택 대종회장이 재각만이라도 후손들의 성금으로 건립하자고 발의하여 전국의 일가들이 헌성금을 냈고, 그 내역을 기록한 것이 이 헌성비이다. 비석은 1976년에 세웠을 것으로 본다. 비 좌측에 헌성시獻誠詩가 있다.

재각중건헌성비

<헌성시>164)

한 가닥 南堂山의 풍광이 맑으니
도선국사가 신비한 곳을 준 것이 과연 현명하네
꽃 피는 咸悅에는 산 기운이 신령스럽고
바람을 푸른 솔로 시집보내니 옥 소리를 낳았다네
성금이 다투어 모이니 조상을 높이는 의리요
재각이 화려하게 이루어지니 문중의 영광이 빛나네
은혜 갚는 선산에는 여러 어진 일족이요
만대에 전하는 것은 이 아름다운 명성이라네

---

164) 제목은 필자가 임의로 붙였다.
　　一派南堂景色淸　爭到誠金崇祖義　詵師子祕果賢明　華成齊(齋의 오자—필자)閣暐門榮　花開咸悅靈山氣　報恩先隴僉賢族　風嫁靑松山玉聲　萬代有傳此美名

詩 一派南堂景色淸

헌성비 – ❶

한 가닥 南堂山의 풍광이 맑으니

誑師子祕果賢明

도선국사가 신비한 곳을 준 것이 과연 현명하네

헌성비 – ❷

꽃 피는 咸悅에는 산 기운이 시령스럽고

헌성비 — ❸

風嫁青松産玉聲

헌성비 - ❹

바람을 푸른 솔로 시집보내니 옥 소리를 낳았다네

爭到誠 金崇祖義

성금이 다투어 모이니 조상을 높이는 의리요

헌성비 - ❺

華成齊閣暉門榮

재각이 화려하게 이루어지니 문중의 영광이 빛나네

헌성비 - ❻

報恩先隴僉賢族

헌성비 – ❼

은혜 갚는 서산에는 여러 어진 일족이요

헌성비 - ❽

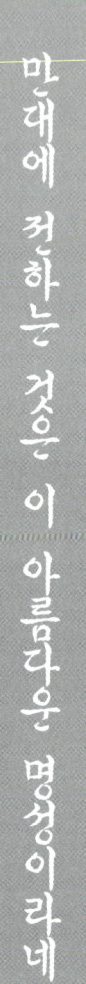

만대에 저하는 것은 이 아름다운 명성이라네

③ 심언봉 장군 <위토환수공적비>

위토환수공적비

　　남당산소 위토가 1949년 〈농지개혁법〉으로 소작인 소유가 되자, 논산훈련소장이던 심언봉沈彦俸 장군이 은행 융자를 받아 위토를 회복하였다.

④ 죽계공 심규 공적비

    심연의 묘소를 실전한 지 100년 만에 되찾는데 결정적인 기여를 한 죽계공 심규의 공적비를 세웠다. 청송 심씨 대종회에서 2021년 10월 16일에 세웠다.

심규 공적비

심규의 시 <閤門祗侯公墓尋復後有感>165)

을유년乙酉年166) 玉山(옥구)의 시험장에서
선조님의 묘소가 南堂에 있다고 처음 들었네
변론한 지 10년 만에 묘소를 다시 찾았으니
춘추로 향을 올려 다시 제향을 모시리라

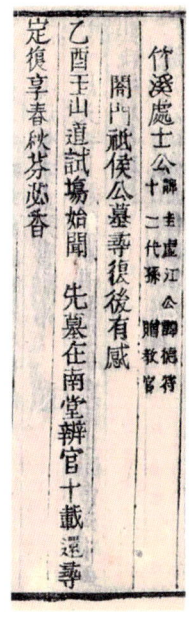

『靑松沈氏世稿選』의
죽계공시

---

165) ▶ 沈啓澤, 1917 『靑松沈氏世稿選』
　　 ▶ 安孝公宗會, 『山義室記』
166) 乙酉年은 1705년으로 숙종 31년이다. 이 해에 숙종 즉위 31주년 기념으로 增廣試가 시행되었다. 崔珍玉, 1993 『朝鮮時代 生員 進士 硏究』, 韓國精神文化硏究院 博士論文, 230쪽

⑤ 심학윤沈學允 공로

1920년대에 심상윤 유사가 위토를 관리할 때 서울 宗約所와 향유사파 간에 분쟁이 발생하여 종토 12두락인 2,400평을 처분하여 소송비용으로 썼다.

또 토지 경작자에게 고리대를 차용하여 비용으로 충당했으나, 이후 남당산 지후공 묘소 땅이 차압되어 경매로 넘어가게 되었다. 이를 새로 임명된 유사 심학윤沈學允 씨가 은행 대출로 해결하였다. 그는 묘목을 산소에 심고, 우물을 팠으며, 재각까지 중수한 후 1949년에 별세하였다.

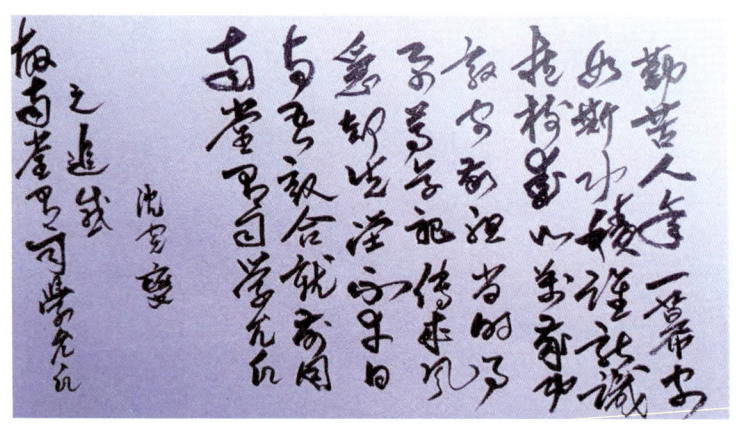

沈完燮[前南堂山副有司], 1957 〈故南堂有司學允氏功績追感〉
『靑松報』 21집, 22쪽

결론
- "청송 심문의 문벌화를 활짝 연 원조遠祖" -

1. 심연 - '청송심씨 2세조'이며 벼슬은
   왕을 보좌하는 '합문지후'였다 ·············· 349
2. 심연의 은둔 결행 - 정치 세태의 염증 ······· 350
3. 심연 - 산청현감을 역임했다는 기록은
   오류이다 ··· 351
4. 심연이 역임한 합문지후는? ····· ···················· 354
5. 심연의 손자 심원부와 사위 민안부는
   조선이 건국되자 은둔했으며,
   후손들에게 벼슬하지 말라고 유언하다 ········ 354
6. 심연 부부의 묘소는 전라도 함열로 천장되었고,
   임란을 전후하여 실전했으나 다시 찾았다 ·· 359

1. 심연 - '청송심씨 2세조'이며 벼슬은 왕을 보좌하는 '합문지후'였다

합문지후 심연은 청송심씨 2세조이다. 심홍부의 2남 중 장남으로 태어나 국왕의 측근인 합문지후였으며 훗날 산음(이후 '산청'으로 약칭)으로 은거하여 일생을 유유자적하며 살았다.

심연이 살았던 시기는 고려 말기로, 몽고의 간섭을 받던 '원간섭기'였다. 이에 심연과 비슷한 시기를 살았던 인물인 조반趙胖 부부의 초상화를 통해 심연 부부의 외형을 유추해 볼 수 있다.

조반(趙胖, 1341~1401) 부부 초상화. 합문지후 심연 부부의 외형도 이와 유사했을 것이다.

2. 심연의 은둔 결행 – 정치 세태의 염증

심연이 한창 활동할 시기는 고려 후기 몽고(원)의 간섭을 받을 때이다. 忠자가 들어가는 왕들 즉 충렬왕~충정왕 등 몽고(원元)의 간섭이 극도에 이른 상황이 되었을 때이다.

그중 충숙왕과 충혜왕 부자의 집권기에 심연이 궁중에서 활약했을 것이다. 당시 상황은 충숙왕과 충혜왕이 몽고에 의해 극도로 수모를 받기도 하고, 충혜왕은 몽고로 끌려가 결국 '악양岳陽의 화禍'167)로 불리는 비극적인 최후를 맞았다. 고려국의 국왕이 몽고에 끌려가 먼 곳으로 유배 가는 도중에 객사한 섯이다. 심연이 산청으로 은거한 것은 이런 고려 정국과 깊은 관련이 있다고 본다. 멀쩡하게 궁중에서 관직 생활을 하던 합문지후가 무엇 때문에 궁벽한 시골로 숨었겠는가.

『고려사』에 실린 충혜왕에 대한 사신의 논평은, "충혜왕은 영리한 재능을 나쁜 데에 썼으니, 악소배들을 가까이하고 황음무도하게 행동했다."고 했으며, 천자로부터 벌을 받아 죄수의 몸으로 유배 가는 도중 객사한 것도 마땅한 일이었다고 썼다. 그러니 가까이서 이 꼴을 본 합문지후 심연은 은거를 결심한 중대한 까닭이 여기에 있었다

---

167) 김당택, 1998 『元干涉下의 高麗政治史』, 一潮閣, 108쪽

고 필자는 믿고 있다.

3. 심연 - 산청현감을 역임했다는 기록은 오류이다

청송심씨 문중에서는 심연이 산청현감을 역임한 것으로 알고 있으나, 잘못 전해진 사실이다. 산음 지역에 감무(현감의 전신)가 신설된 것은 1390년(공양왕)이었고, 심연은 1377년 이전에 별세하였기 때문이다. 1377년 9월에 심연 부부의 묘소가 경상도 산청에서 전라도 함열로 천장된 사실은 명확하다.

심연이 산청에 은거한 이유를 생각해 본다. 짐작밖에 할 수 없지만, 심연은 당시 중앙 정계 및 세태에 염증을 느꼈기 때문에 은거한 것으로 보인다. 그의 시詩에 이런 심정이 잘 묘사되어 있다.168)

중앙 정계의 혼란을 피하여 어디론가 은둔하려고 할 때, 산청을 택한 이유는 그곳이 외가外家인 함안咸安에서 가까운 명소였기 때문으로 본다. 심연의 부친 심홍부의 처는 함안 조씨였던 것이다.169)

고려시대에는 신랑이 처가에서 생활하는 경우가 대

---

168) 심연, 〈안분음(安分吟)〉. "다른 사람은 속세의 일을 말하지 마오 / 북창에 높이 누워 헌원씨(軒轅氏)와 복희씨(伏羲氏)를 꿈꾼다오 (外客休言塵世事 / 北窓高臥夢軒羲)."
169) 1957년 간행된 『靑松沈氏大同世譜』(丁酉譜)에 의함.

부분이었다. 이를 '서류부가혼/남귀여가혼'이라고 한다. 함안과 산청은 그리 멀지 않은 거리이고, 심연이 어린 시절에 함안의 외가에서 자랐을 가능성이 크다. 그러기에 심연이 중앙의 관계를 떠나 은거코자 할 때 외가에서 가까운 산청을 택했다고 본다.

그가 머문 '석답촌 자연동'은 지금의 산청군 금서면 특리이다. 심연은 이곳의 명산인 玉山에 가끔 올라 개경을 바라보며 왕조의 운명을 걱정했다. 그 자리가 바로 '망경대望京臺'이다.

망경대望京臺. 심연이 자주 올라 시국을 걱정했던 곳이다. 심연의 사위 민안부도 이곳에서 나라를 걱정했는바, 민씨의 후손들이 민안부의 기념비를 두 번(1909년·1961년) 세웠다. 2021.7.29

이 망경대에는 그 후 심연의 사위 농은農隱 민안부 閔安富가 이곳에 은거한 후, 매월 올라가서 고려 왕조의 멸망을 슬퍼했다고 하니 장인과 사위가 나라를 걱정하는 마음이 같았다.

조선이 건국되자 민안부는 심연의 손자인 악은공岳隱公 심원부沈元符와 더불어 개경의 두문동杜門洞에 들어갔다. 이후 민안부가 원주를 거쳐 산청의 대포리에 은둔한 것은, 장인 심연의 은둔처와 이웃한 지역이고 작고하신 장인과 장모의 숨결이 살아있는 고장이었기 때문이다. 여기에 대포리가 지역적으로 외진 곳이고, 심연의 따님이자 민안부의 정부인貞夫人 청송심씨의 영향력 컸음은 물론이다. 산청의 여흥 민씨 후손들이 '큰 할매'로 부르는 정부인 심씨는 당대에 '현부인賢夫人'으로 칭송이 자자했다(청송심씨부인 묘표).

그 후 심연과 부인 파평 윤씨는[170] 그곳 산청에 묻혔고, 심연의 두 손자인 심덕부와 심원부 형제는 부친 심룡沈龍의 유언을 받들어 조부모의 묘소를 경상도 산청에서 전라도 함열로 옮겼다. 그 운구 행로에 관료와 백성들이 10리에 걸쳐 지켜봤다는 전설이 있다.

---

[170] 1957년 간행된 『青松沈氏大同世譜』(丁酉譜)에, 심상윤 가승에 '파평 진씨'(尹氏의 오류 誤謬 - 필자 심재석 註)라고 한다.

왜구들의 침략으로 민심이 흉흉했던 그 시소時騷 속에서 양장 같은 구곡준령 소백산맥과 긴 골짜기 노령산맥을 누벼 넘는 10일 상로喪路에 영이靈轜를 따르던 회장객들이 위로 관아에서부터 향민에 이르기 가지 연연 10리 길에 뻗쳤다 하며171)

4. 심연이 역임한 합문지후는?

합문지후는 고려의 정7품 관직이었으나, 그 역할이 중요하여 참상직參上職에 속했다.172) 중요한 관직이었던 것이다. 녹봉이 경정전시과에서는 12과였고, 문종대 녹봉은 63석 5두였다. 그리고 구사丘史 수는 4인이었다.

5. 심연의 손자 심원부와 사위 민안부는 조선이 건국되자 은둔했으며, 후손들에게 벼슬하지 말라고 유언하다

심원부는 두문동에 들어가면서, 오늘을 나의 죽은 날로 하라173)며 자식들에게 관직에 나가지 말 것을 유언했다. 이에 큰 아들 영동정공 심천윤과 현령공 심천주, 학생공 심천식은 청송심씨의 본향인 청송青松을 중심으로 경상도 일대에 거주하며 조상들의 충의 정신을 계승했다.

---

171) 1976, 沈載鎬 〈咸悅南堂山齋閣重建記〉
172) 『高麗史』76, 〈百官志〉1, 通禮門
173) 金梘,〈青松沈氏岳隱公諱元符神道碑銘〉

악은공의 손자인 석촌공 심효상과 그 아들 심태산, 그리고 손자인 심손 등은 산청의 석답촌 자연동에서 합문지후공 심연 선조의 숨결을 느끼며 거주한 바 있다. 석촌공의 아우 심효연은 세조의 집권에 반대하며 고향 청송靑松으로 낙향하였다. 윗대의 충의 정신을 계승한 것으로, 이때 형인 석촌 심효상이 그 이별의 심정을 노래한 시詩가 있다.

대포서원大浦書院. 심연의 사위 민안부 부자父子를 모신 서원이다.
2021.7.30

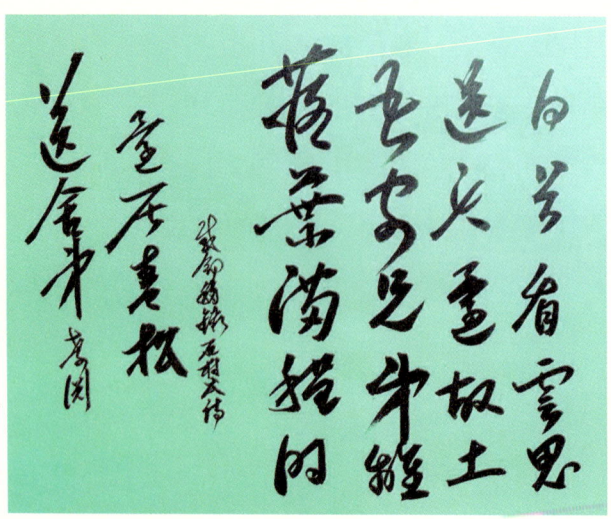

〈아우 효연이 靑松으로 떠남을 환송하며〉174)

낙엽 가득한 길가에서
우리 형제 이별하네
아우를 먼저 고향으로 보내며
늙은 형은 구름만 쳐다보네

---

174) 沈誠之, 1899 〈送君舍弟孝淵還居靑松〉 『靑己世稿』

악은공의 후손 중 임진왜란 때 크게 활약한 벽절공 심청沈淸과 구한말 소류 심성지沈誠之 의병장이 이름 높다.

민안부와 청송심씨 부부 역시 산청에 은둔하면서, 외아들 민수閔綏를 관직에 나가지 말도록 하였다. 그리하여 민수는 동복현감同福縣監을 제수 받았으나 부임하지 않았다. 이후 산청에서는 민안부의 후손인 여흥 민씨 일족이 양반사족으로 존재했으며, 오늘까지 그 명맥을 이어오고 있다.

악은공 심원부와 농은 민안부의 처신은 심덕부와도 일맥상통하였다. 청송 심문의 중흥조인 청성백 심덕부沈德符가 위화도 회군(1388년) 이후, 고려 왕조의 혁신에는 찬동했으나 조선의 개국에는 반대한 것이 그것이다. 그런 와중에 심덕부는 토산兎山으로 잠시 유배도 갔던 것이다. 그리하여 위화도 회군의 선봉장이었던 심덕부가 조선의 '개국공신'에 들지 못한 원인이 되었다. 개국 후 이성계는 심덕부를 위화도 '회군 1등 공신'에 책록하여 체면을 세워주었다.

이성계의 끈질긴 회유와 압력으로 조선 개국 이후 적극 신왕조에 협력하게 된 심덕부는, 이성계와 사돈이 되고 이후 세종대왕의 왕비로 그의 손녀가 낙점되었는바 성모聖母로 칭송되는 소헌왕후였다. 조선왕조의 대 문벌

가문으로 성장한 기초를 놓은 것이다.

　　이후 조선왕조에서는 수많은 고관들이 심덕부 후손에서 배출되었고, 본향인 청송 역시 그 심문 관료들의 엄호와 배려 속에서 양반으로서의 위상을 누릴 수 있었다. 여기에 소헌왕후와 인순왕후의 청송 본향에 대한 관심과 물심양면의 배려는 전국 심씨 종친들의 자존심을 한껏 높여 주었던 것이다.

대포서원에 걸린 **민안부 시 〈述懷〉**.
"부귀영화는 나에게 뜬구름과 같다"고 읊었다. 2021.7.30

6. 심연 부부의 묘소는 전라도 함열로 천장되었고, 임란을 전후하여 실전했으나 다시 찾았다

합문지후 심연의 묘소는 손자인 심덕부와 심원부 형제에 의해 1377년 9월 이장되었다. 전설엔 심연의 아들 심룡이 함열의 묘소 터를 구해놓고 두 아들에게 유언했다고 하는바, "형편이 되는 대로 너희들의 조부님 묘소를 함열 남당산으로 이장하라."는 것이었다.

고려 말기에 묘소를 멀리 이장한다는 것은 쉬운 일이 아니다. 일대 역사인 것이다. 심씨 문중의 선조들이 얼마나 풍수지리風水地理에 민감했는지 잘 보여주는 사례가 바로 이 심연 묘소의 천장이다. 신라 말기에 도선道詵 국사가 도입한 풍수지리는 고려시대와 조선시대를 거치며 '명당발복설'로 크게 유행하였고, 심씨 문중 역시 예외가 아니었던 것이다.

심연의 묘소가 이장되자 경상도에 거주하는 심씨 후손들은 허전한 마음이 컸으나, 전라도 함열까지 2세조의 묘소를 참배하러 가기도 어려운 형편이었다. 그리하여 산청 은거지에 유허비遺墟碑를 세워 선조를 기억하고, 요충지 합천에 두산정杜山亭을 건립하여 그곳에 후손들이 모였으며, 제향까지 올렸으니 '안분사安分祠'가 그 장소이다. 근래에 심동섭·심의조 일가 등 경남 지역 종친들이 두산정 보존을 위해 헌신적으로 노력하고 있다.

함열로 묘소가 옮겨진 뒤, 후손들이 제향을 봉향해 왔으나 임진왜란 무렵 묘소를 실전失傳하였다. 아마도 그 중요한 이유는 묘하에 자손들이 다수 거주하지 않았기 때문으로 보인다. 소수의 후손들이 봉사奉祀하다가, 전쟁 통에 후손들이 흩어지면서 묘소를 잃어버린 것이다.

그 실전 기간이 길어지면서 근처의 타성他姓들이 심연 묘소에 자신들의 조상 묘를 조성했고, 심문의 2세조는 영영 찾지 못할 상황이 되었다. 이에 전국의 심문 인사들이 묘역을 수소문하고 답사하면서 찾으려고 진력했으나, 허사였다. 그것은 묘소가 있는 '남당'이 '산山'인 것을 모르고 '남당리'나 '남당마을'로 잘못 알았기 때문이다. '남당산'을 찾지 않고 '남당마을'을 찾았으니 그 장소를 알 수 없어서 애만 태우고 있었던 것이다.175)

그러나 지성이면 감천이라. 전라도 임피에 살던 좌

---

175) 〈묘산(墓山)을 찾은 사실〉: 함열(咸悅)의 산소(山所)는 중간에 실전(失傳)하여 200여 년[100여 년이 옳다-필자 沈註]이 가깝도록 지나갔는데 같은 고을에 사는 김가성을 가진 향반(鄕班)이 투장(偸葬)한 때문이다. 경향(京鄕)의 자손들이 두루 찾아다녀도 찾지 못했는데 그것은 산소가 남당(南堂)에 있다는 것은 알았지만 남당이 '산(山)'이라는 것을 알지 못했기 때문이다. 다만 남당이라는 촌(村)과 리(里)를 찾았기 때문에 오래도록 찾지 못한 것이다.

승지 심숙의 후손인 죽계공 심규沈圭가 옥구 향시에 갔다가 김린金璘이라는 사람을 만나 묘소의 소재를 알게 되었다. 죽계공은 급히 이 사실을 마을의 문장인 심준원沈俊元 어른께 알리고, 이후 한양의 심단沈檀을 비롯한 경향의 문중 인사들이 적극 개입하면서 모든 이들이 협력하여 2세조의 묘소를 찾았다. 10년의 재판을 통해서였다.

묘소를 찾는 과정에서 결정적인 단서는 심연의 지석誌石이었다. 홍수가 나거나 어떤 이유로 묘소가 파괴되었을 시, 그 주체를 알기 위해 무덤 안에 넣어두는 표식이 지석이다. 1377년 심덕부·심원부 형제도 조부님의 지석을 정성껏 만들어 묻었던 것인데 강릉 김씨들이 그것을 연못에 던져 버렸던 것이다. 담양부사였던 심중량은 그 연못을 매입한 뒤, 그곳의 물을 퍼내 버렸다. 그러자 다음과 같은 심연의 지석이 나왔던 것이다.

청송심씨 2세조 **심연의 지석**誌石(추상도).
[가로·세로] 4촌×8촌
= 12cm×24cm
東谷 沈愚慶 書

지석誌石에 쓰인 대로 심연 묘의 위치는 다음과 같다.

<심연 부부 묘소 배치도>

흘산
↓
남당산
↓
묘소[진좌]
↓
술향

묘소를 찾고 난 죽계공 심규는 만감이 교차하여 시詩를 써서 남겼으니, 〈합문지후공묘심복후유감〉이 그것이다.

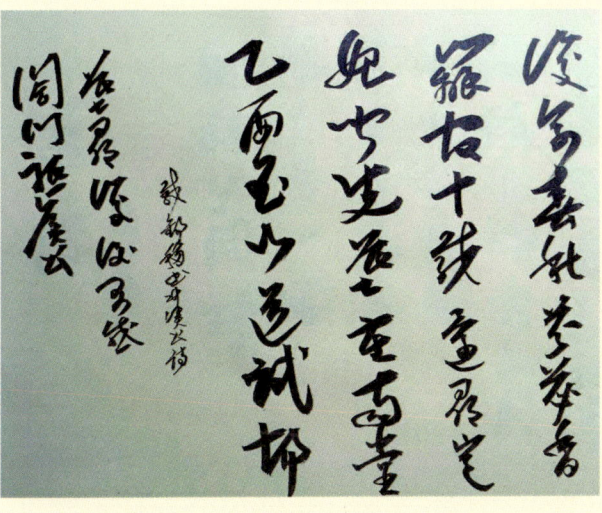

합문지후공 묘소를 되찾아 원상 복구한 뒤
감회를 쓰다

을유년(1705년) 옥산의 과거 시험장에서
선조님 묘소가 남당산에 있다고 처음 들었네
산송을 한 지 10년 만에 묘소를 되찾아서
춘추로 향기로운 제향을 다시 올리네

다시 향사享祀를 모시게 된 심씨 문중은 좌승지공沈
淑파인 죽계공 심규의 후손을 중심으로 묘역을 관리했고,

재각 건립을 감독하다 순직한 심의형沈宜亨을 이어 감역공 심신택沈臣澤·가석可石 심상윤沈相允 등 유사들이 대를 이어가면서 묘역 수호에 있는 온 힘을 다했다. 일세의 명필이었고 수염이 가슴까지 내려왔던 심상윤 향유사鄕有司는, 남당산 묘역에서 '살다시피' 했다는 전언이다.

　이상에서 본 것처럼 청송심씨 안효공파 영중추공 계열의 '좌승지공 임피종회'는 2세조 묘역 관리와 수호에 절대적 공헌을 한 문중이다. 지금도 함열 유사는 이 소종회에서 맡고 있다.

　1976년 9월, 지금의 〈영모재중건기〉에서 대종회 문화이사 심재호沈載鎬는 이렇게 읊었다.

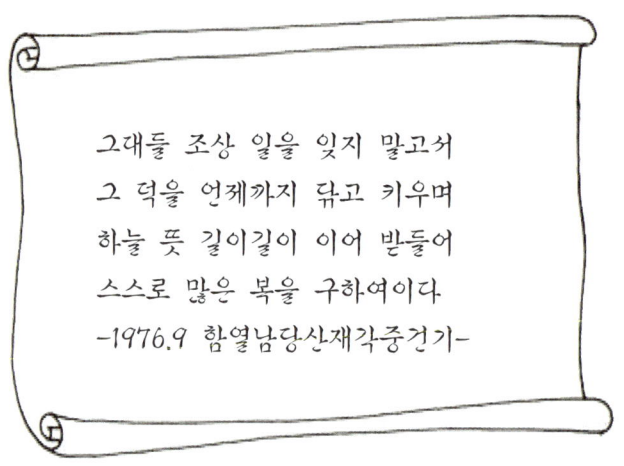

그대들 조상 일을 잊지 말고서
그 덕을 언제까지 닦고 키우며
하늘 뜻 길이길이 이어 받들어
스스로 많은 복을 구하여이다
-1976.9 함열남당산재각중건기-

청송심씨 문중은 지금도 전국의 후손들이 전북 익산시 함열읍에 있는 '합문지후 심연' 묘역을 향해 성묘 행렬을 이어가고 있다. 심씨 문중의 소식지였던 『青松報』에는, 성묘 차 달리는 차량 속에서도 숭조崇祖의 느낌을 시로 표현한 작품이 남아있다.176) 청송 심문의 숭조정신은 타성他姓의 추종을 불허하는 특징이 있다고 하겠다.
　　현재 심연 묘역은 청송심씨대종회에서 성심껏 관리하고 있으며, 전국 심씨 종인들의 참례參禮가 이어지고 있는 성지聖地이다. 결국 합문지후 심연은 '청송 심문의 문벌화를 활짝 연 원조遠祖이다.'177)

---

176) ❶❷❸ 1971, 『青松報』 5호 28쪽
　　　❹ 1976, 『青松報』 13호 91쪽

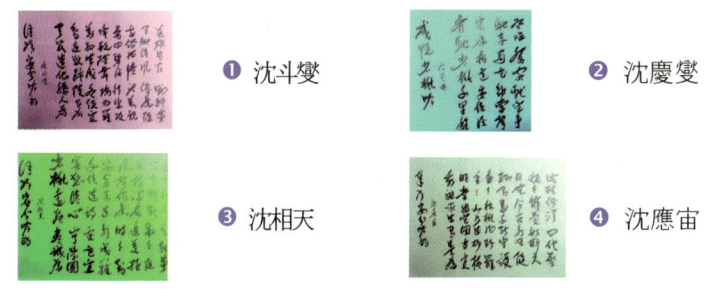

❶ 沈斗燮　❷ 沈慶燮　❸ 沈相天　❹ 沈應宙

177) 경남 산청군 금서면 특리 〈閤門祗侯沈淵遺墟碑〉 "世世延綿爲東方鉅閥公實啓之"

고려말
심연(1287?~1350?)의 유적과 묘역의 수호 연구

초판 1쇄 2021년 12월 13일

지은이 심재석
발행인 김재홍

발행처 도서출판지식공감
등록번호 제396-2012-000018호
주소 서울시 영등포구 경인로82길3-4
전화 02-3141-2700
팩스 02-322-3089
홈페이지 www.bookdaum.com

가격 30,000원
ISBN 979-11-5622-074-9 (93990)

ⓒ 심재석 2021 Printed in Korea.

- 이 책은 저작권법에 따라 보호받는 저작물이므로 무단전재와 무단복제를 금지하며, 이 책 내용의 전부 또는 일부를 이용하려면 반드시 저작권자와 출판사의 서면 동의를 받아야 합니다.